Introduction

Le deuil et la perte sont des expériences universelles difficiles à gérer pour tout le monde, mais peuvent être particulièrement difficiles pour les enfants.

Le but de ce livre est de fournir aux enfants un outil pour les aider à comprendre et à traiter leurs émotions de manière saine. Il est conçu comme un déclencheur de conversation pour les parents, les enseignants et les soignants afin d'aider les enfants à explorer leurs sentiments de tristesse et de perte. En discutant des illustrations, les enfants apprennent qu'il est normal d'être triste et qu'il est important de partager leurs sentiments avec les autres.

Nous espérons que "Perte et câlins" peut être précieux pour les enfants qui font face à la perte.

Directives

Voici quelques conseils pour les parents, les enseignants et les conseillers pour utiliser ce livre comme point de départ pour des conversations :

Lisez ce livre ensemble

Asseyez-vous ensemble, lisez ce livre et prenez le temps de discuter de chaque page et illustration. Les illustrations du livre sont conçues pour susciter des conversations et aider les enfants à exprimer leurs émotions. Prenez le temps d'examiner chaque image de près et demandez ce qu'ils voient et comment ils se sentent à ce sujet.

Posez des questions ouvertes

Posez des questions comme "Comment vous sentez-vous ?" et "Que pensez-vous de ce que traverse le personnage ?" Évitez de poser des questions qui ne permettent qu'une réponse par oui ou non, car elles n'encouragent pas les enfants à s'ouvrir.

Validez leurs sentiments

Faites-leur savoir que leurs sentiments sont autorisés à exister et sont normaux. Évitez de leur dire comment ils devraient se sentir ou de rejeter leurs émotions.

Créez un espace sécurisé

Il est important que chacun se sente à l'aise pour exprimer ses émotions. Écoutez activement et sans jugement. Évitez d'interrompre ou d'essayer de résoudre leurs problèmes.

Suivez le rythme de votre enfant

Chaque enfant est différent et traite le deuil à sa manière. Laissez-les guider la conversation, donc s'ils veulent en parler davantage, soyez là pour écouter. S'ils veulent faire une pause, respectez leurs limites.

Si nécessaire, cherchez de l'aide professionnelle
Si vous remarquez qu'ils ont du mal à faire face à leur chagrin, il peut être utile de rechercher l'aide d'un professionnel comme un thérapeute ou un conseiller. Ils peuvent fournir un soutien supplémentaire.

Rappelez-vous que la chose la plus importante que vous puissiez faire est d'être là pour eux et de leur montrer qu'ils sont aimés et soutenus.

Cher ami(e),

Il est parfois difficile de comprendre pourquoi nous nous sentons tristes. Peut-être avez-vous perdu quelqu'un que vous aimiez, ou vous êtes inquiet(e) à propos de quelque chose qui va se passer bientôt. Il est normal de se sentir triste et de demander de l'aide quand on en a besoin.

Ce livre peut vous aider à comprendre ce qui se passe lorsque vous manquez quelqu'un. Il peut également vous aider à parler de ce que vous ressentez et comment y faire face. Les illustrations visent à ouvrir une conversation et à vous faire savoir que vous n'êtes pas seul(e).

Il est important de se rappeler qu'il est normal d'être triste et que cela prend du temps pour guérir. Parlez à quelqu'un en qui vous avez confiance et donnez-vous le temps et l'espace dont vous avez besoin.

Avec amour,
Inner Nature Tools

perte et câlins

Lorsque quelqu'un que nous aimons n'est plus avec nous,

il peut être difficile de comprendre pourquoi.

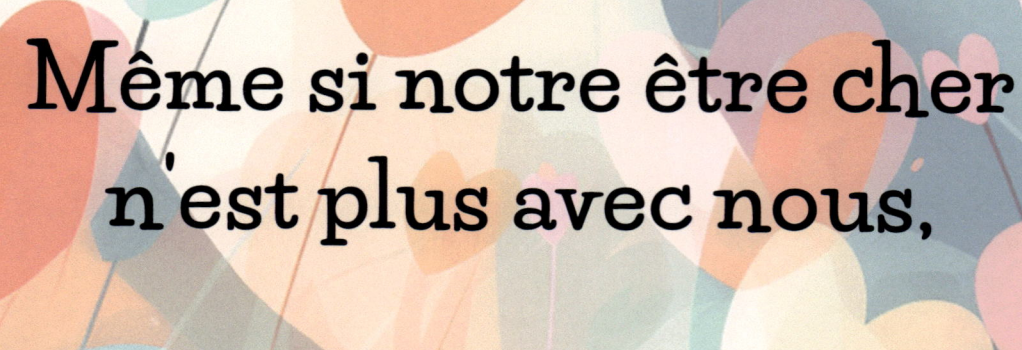

Même si notre être cher n'est plus avec nous,

il fera toujours partie de nos vies.

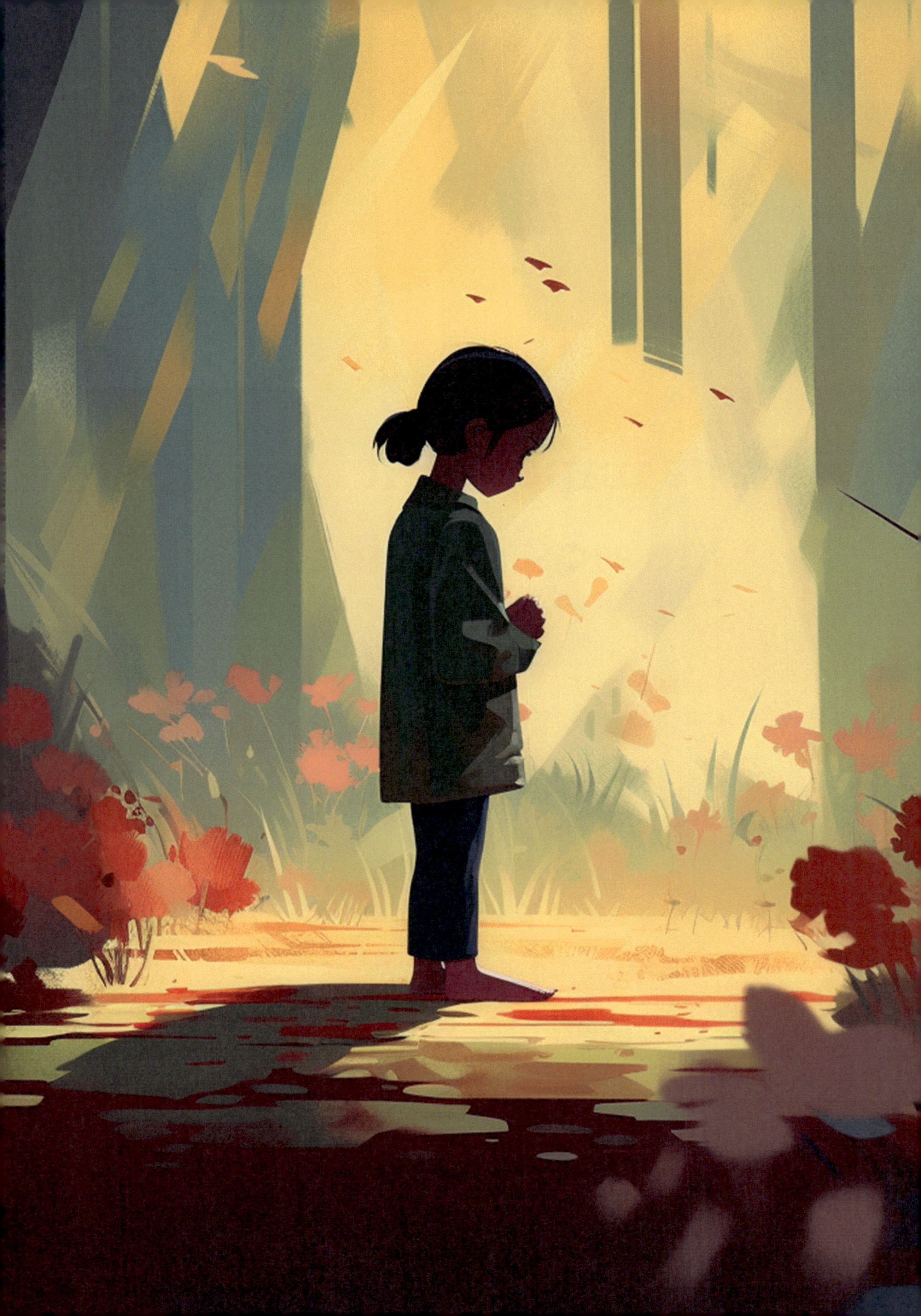

Il est important de parler de nos sentiments

et de partager nos souvenirs avec nos proches.

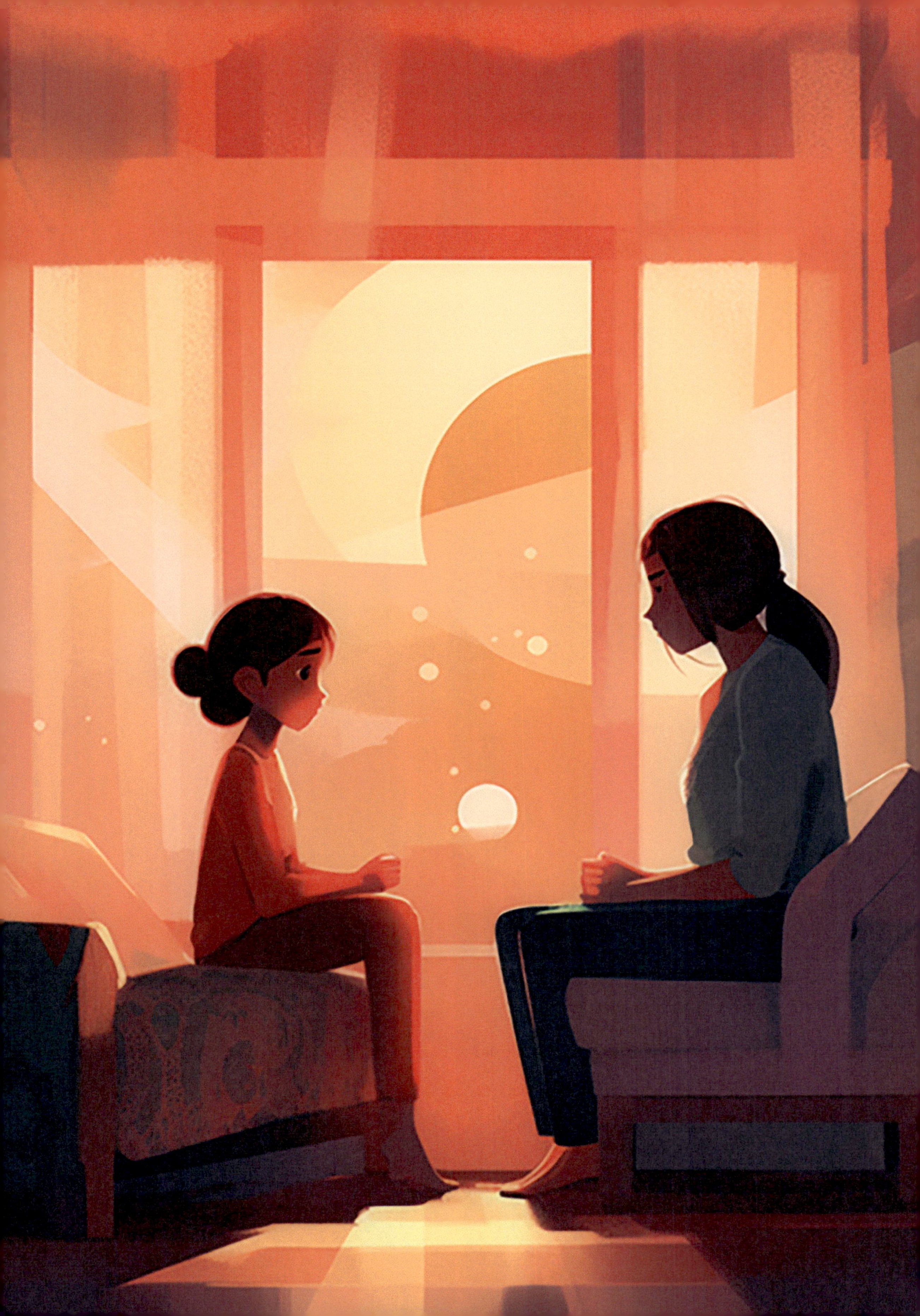

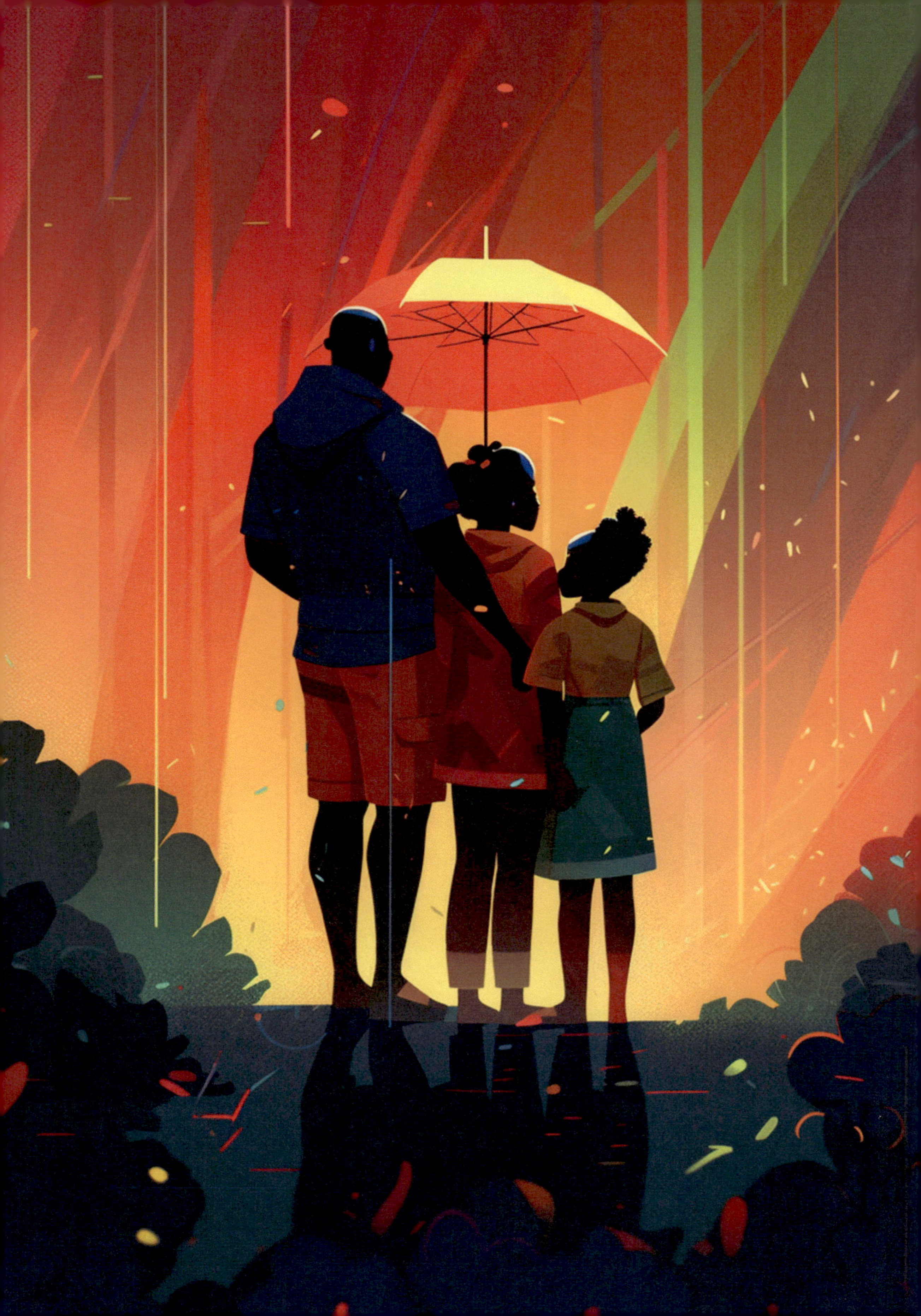

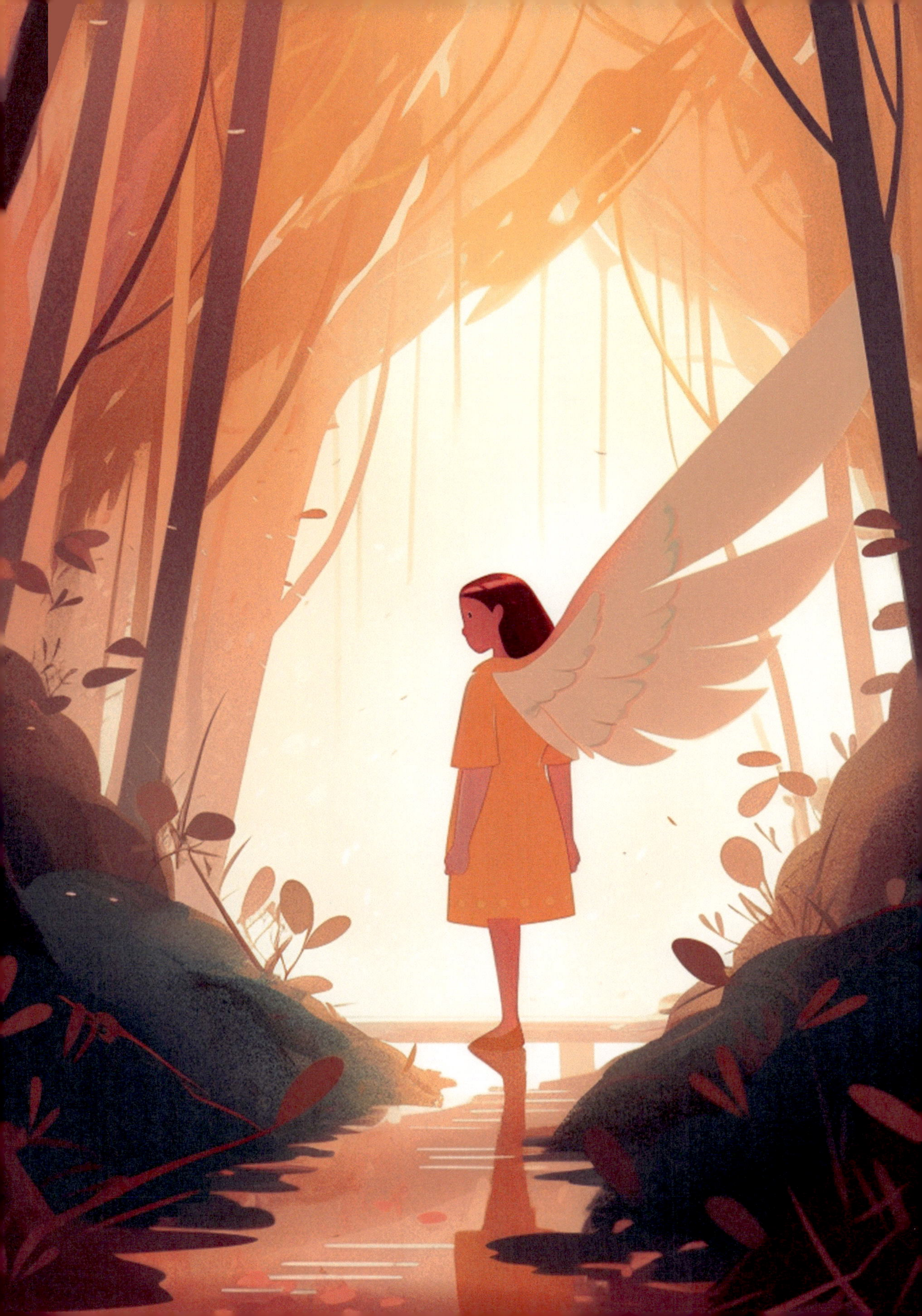

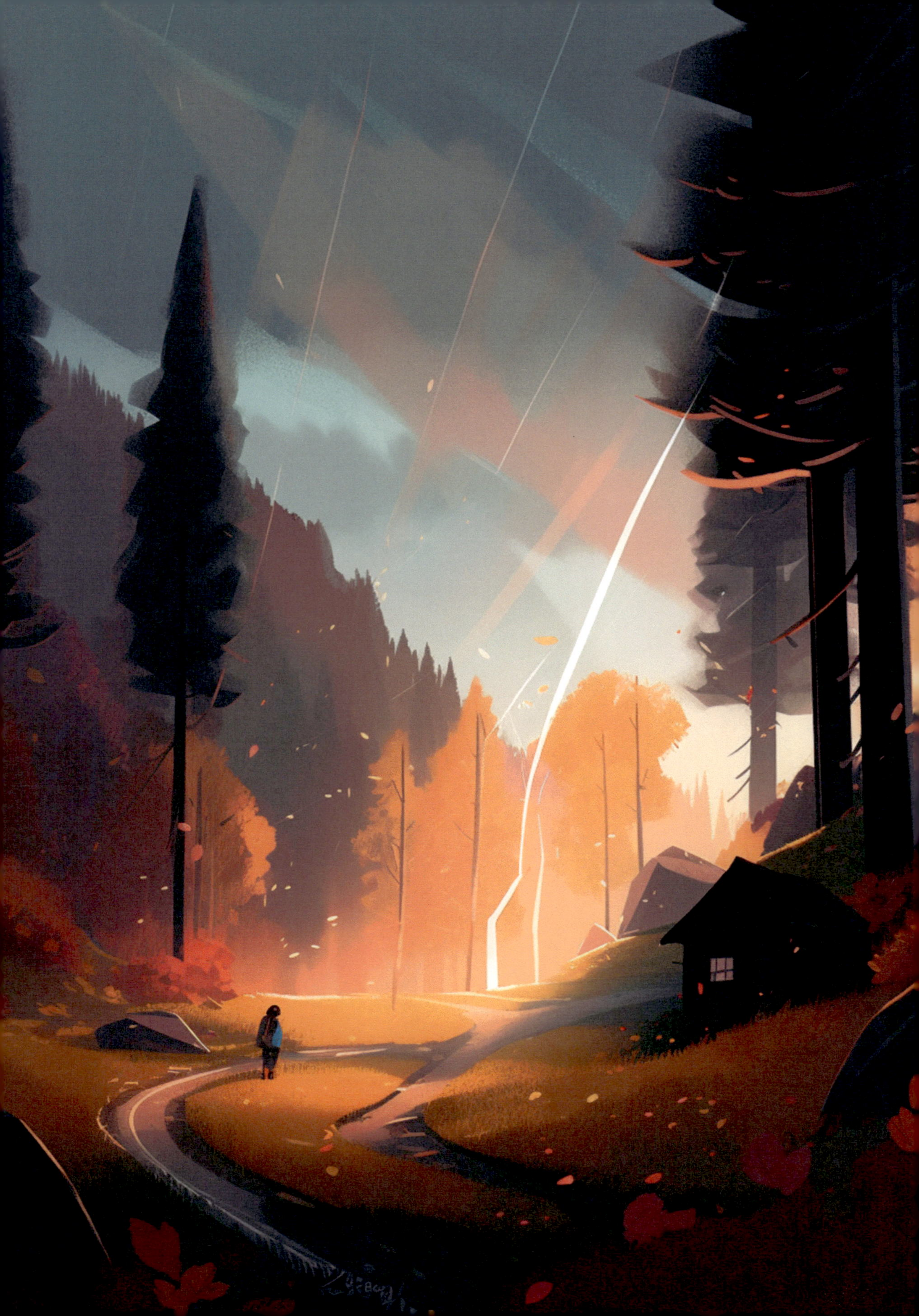

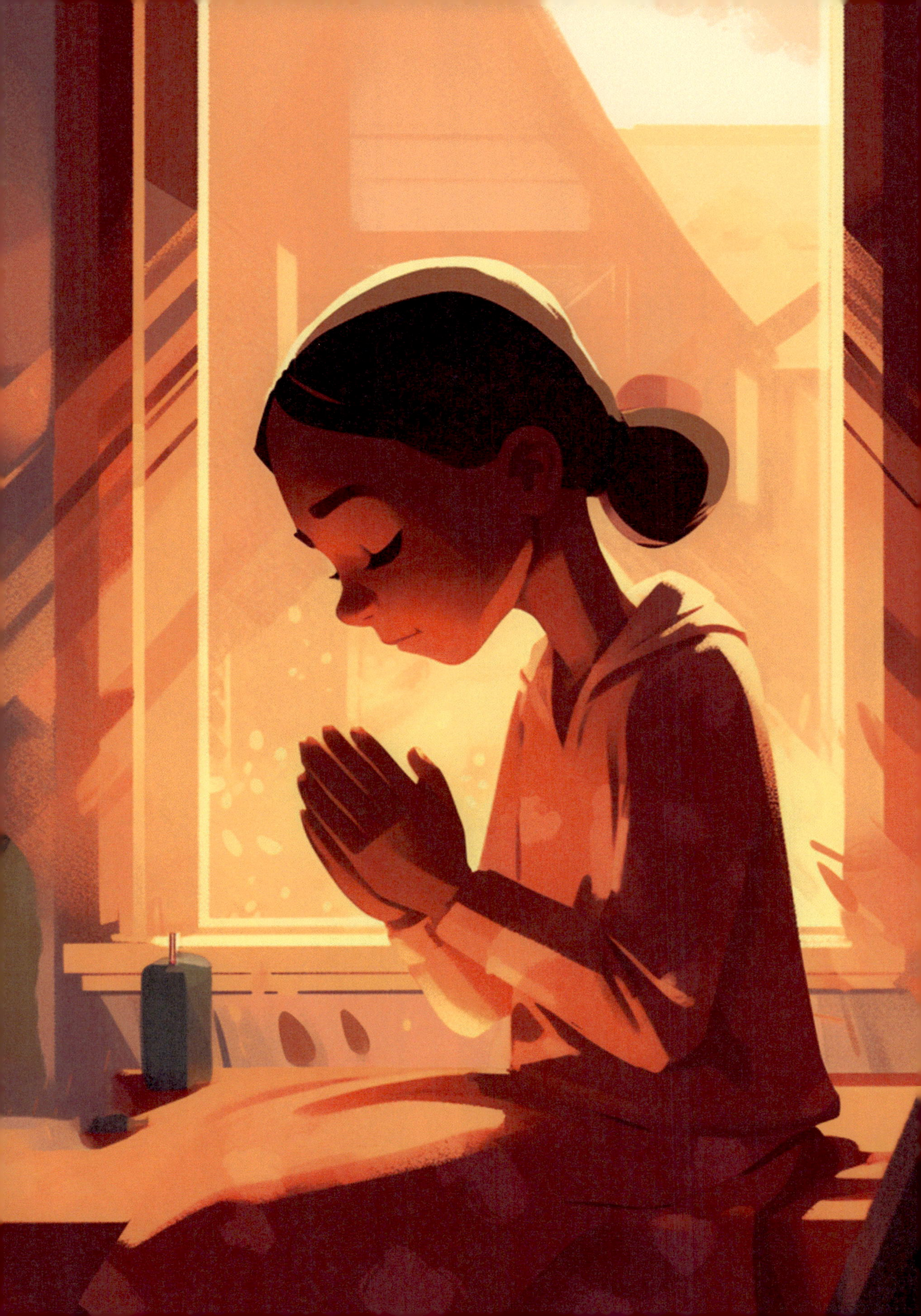

Parfois, nous nous sentons coupables de ne pas avoir passé assez de temps avec eux avant de les perdre

mais nous ne devons pas oublier que nous avons fait de notre mieux.

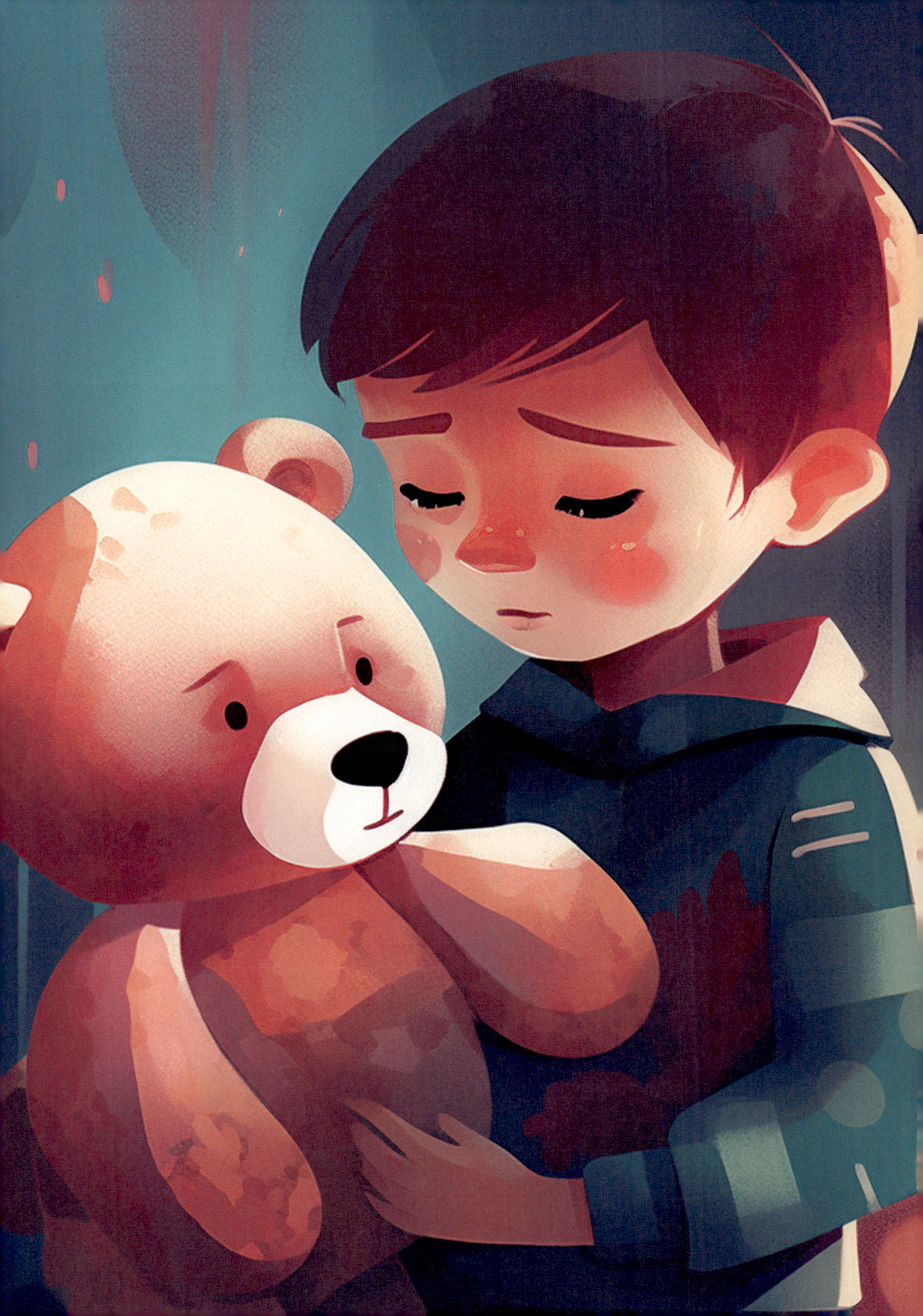

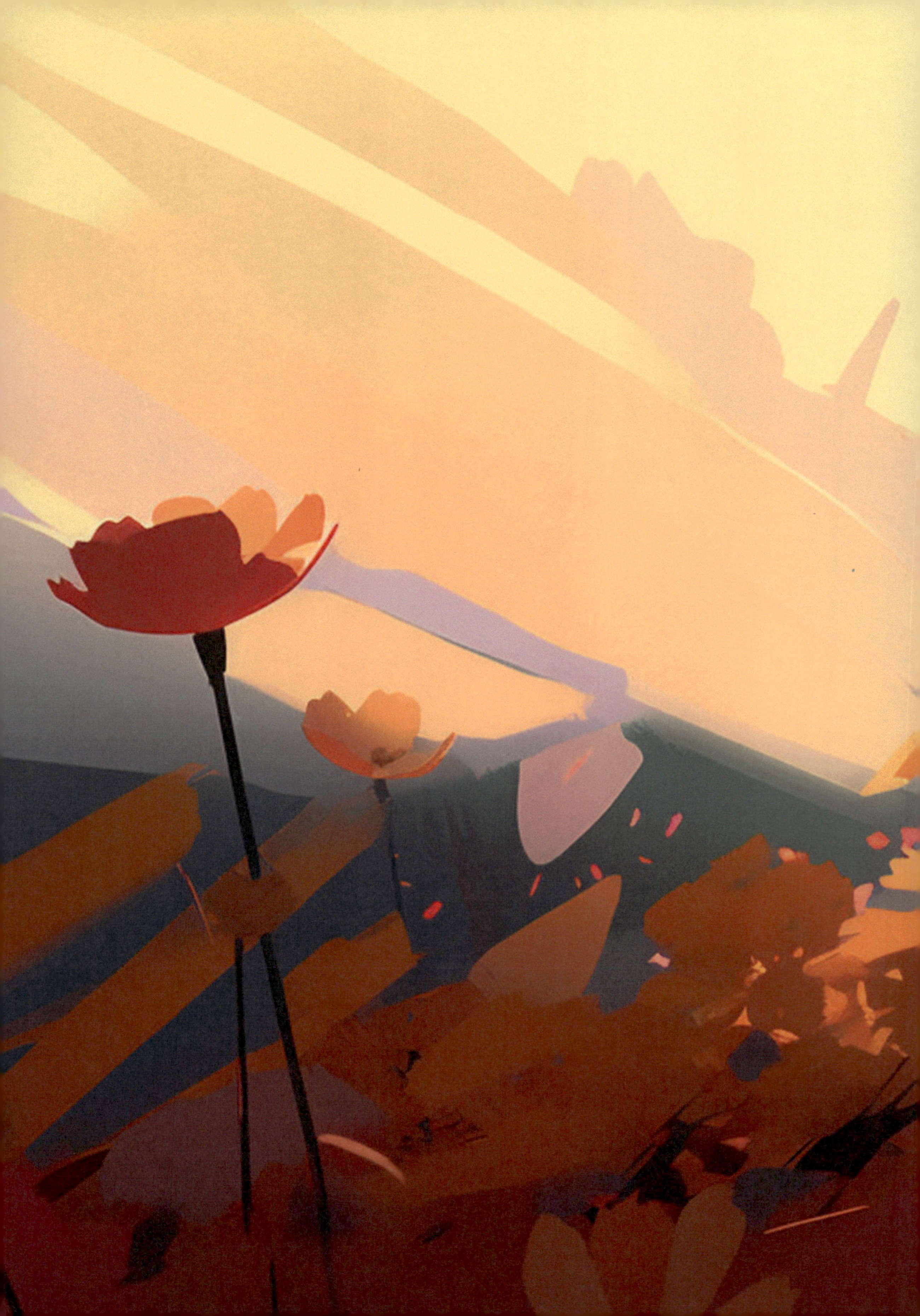

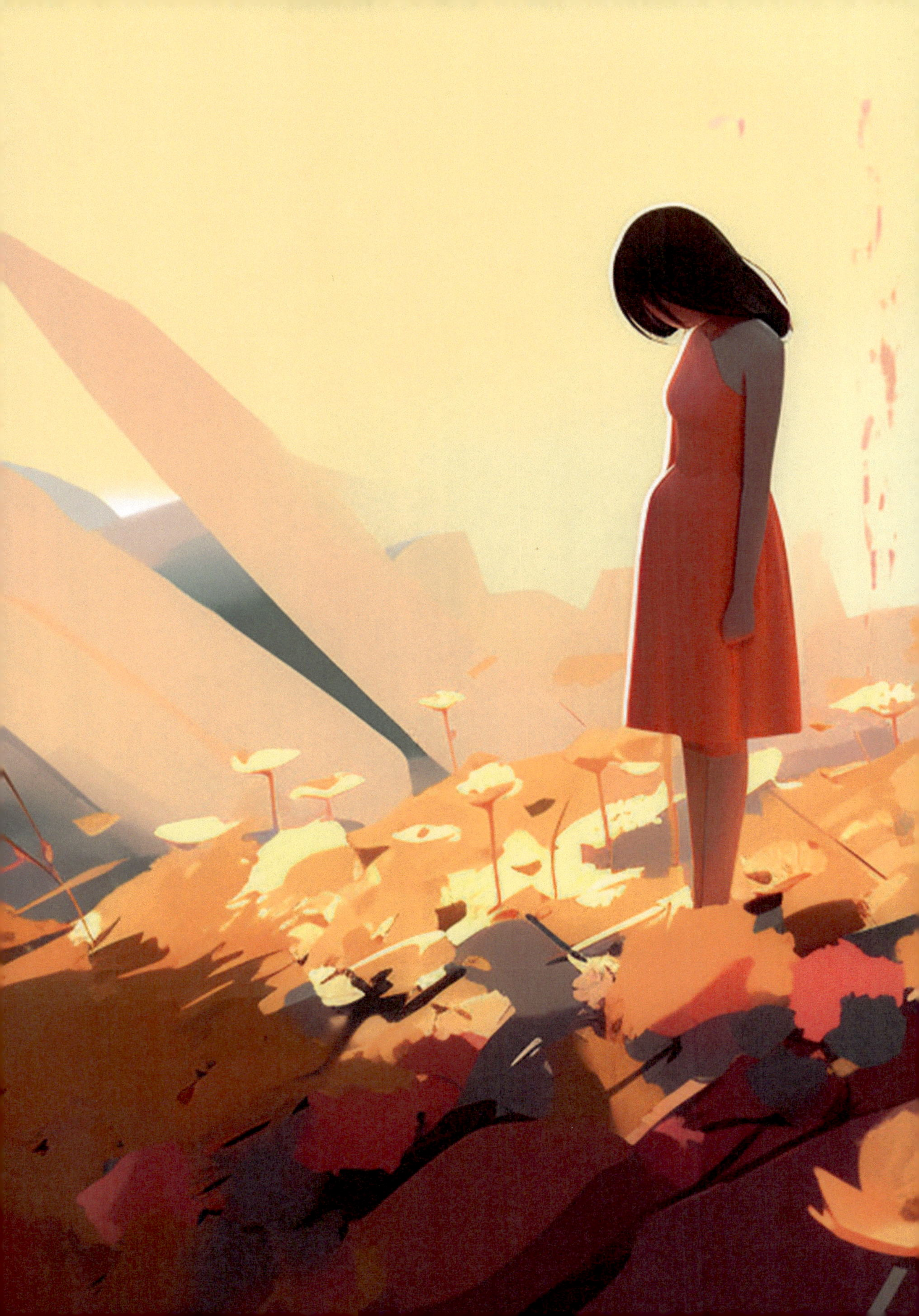

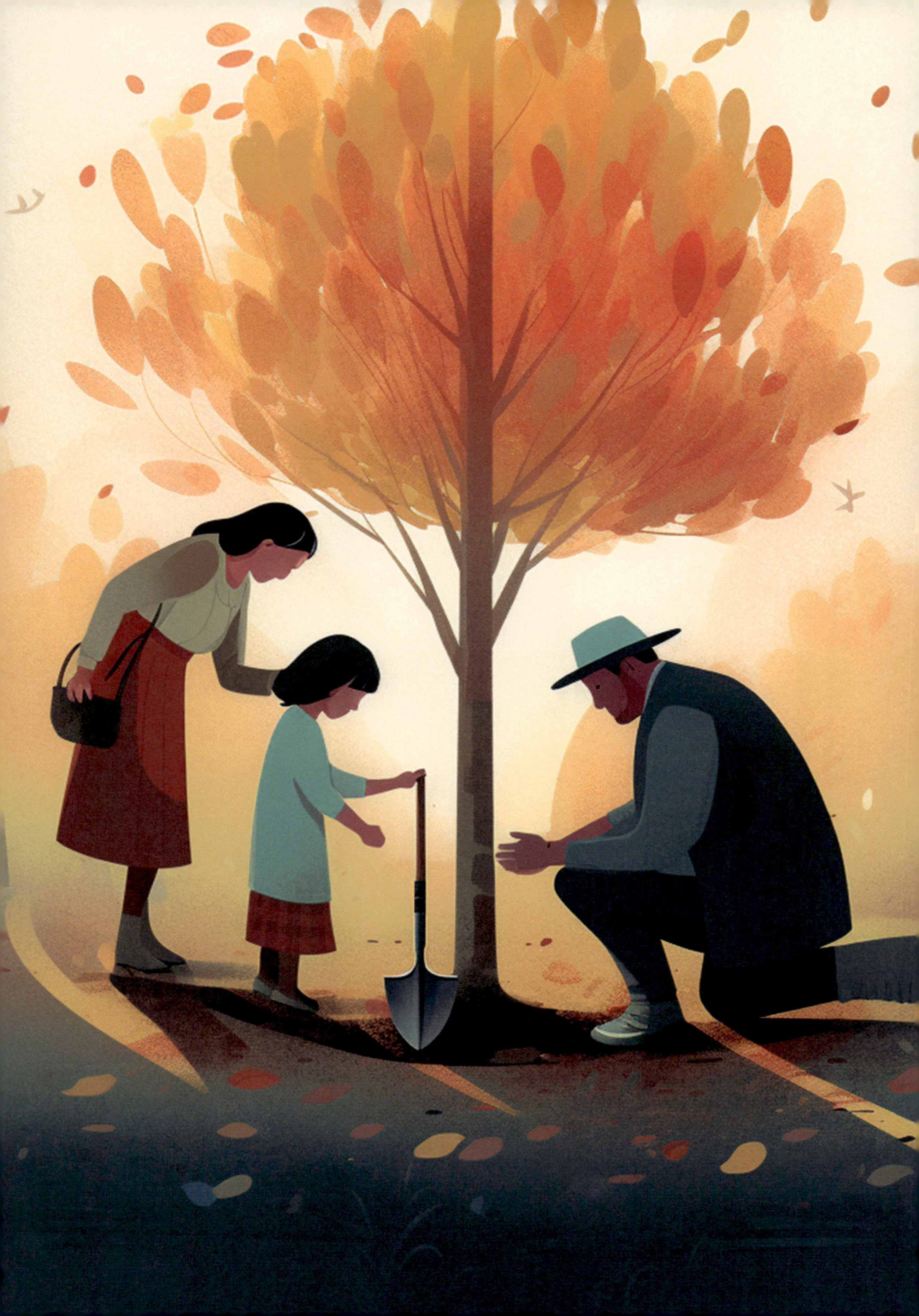

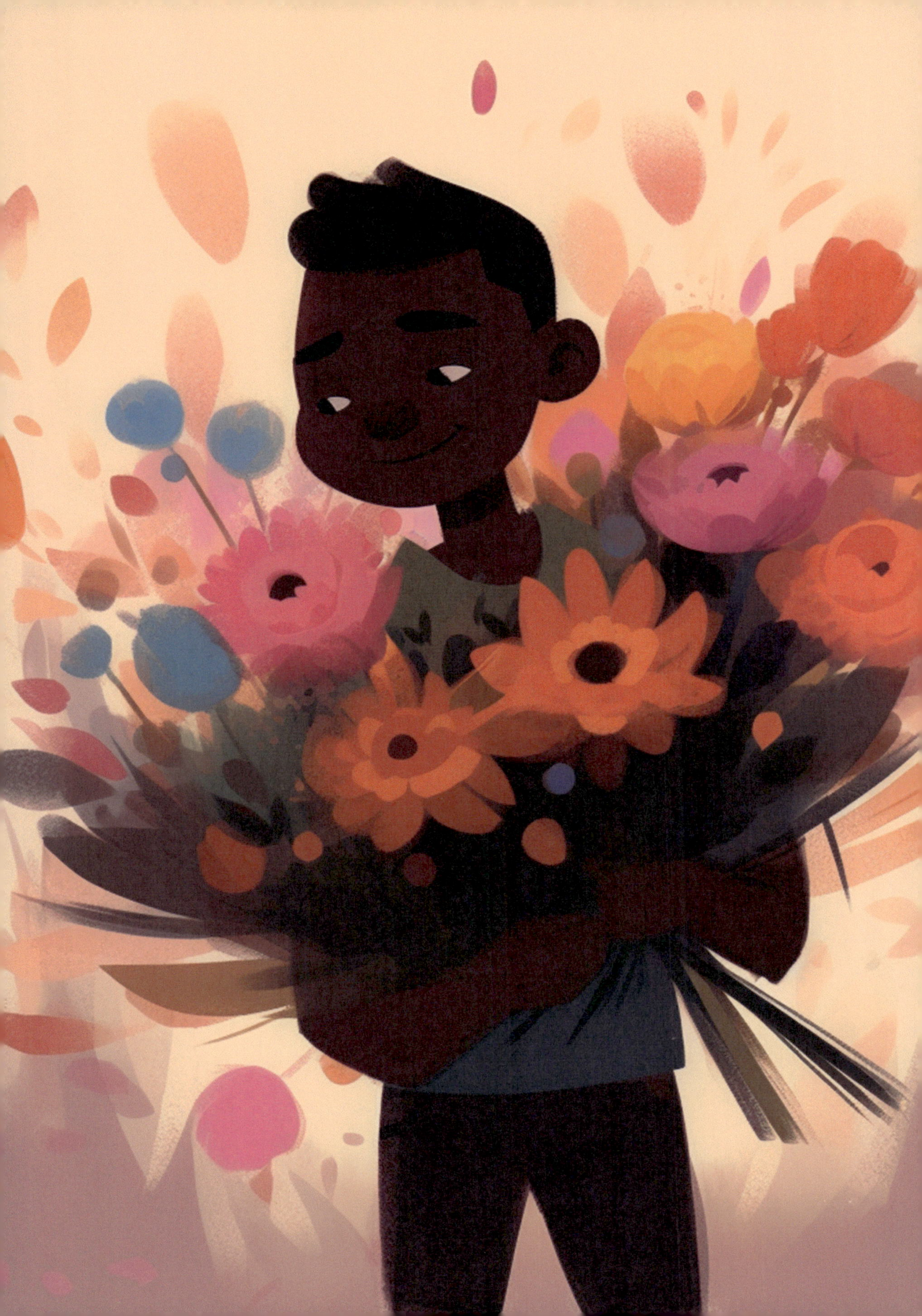

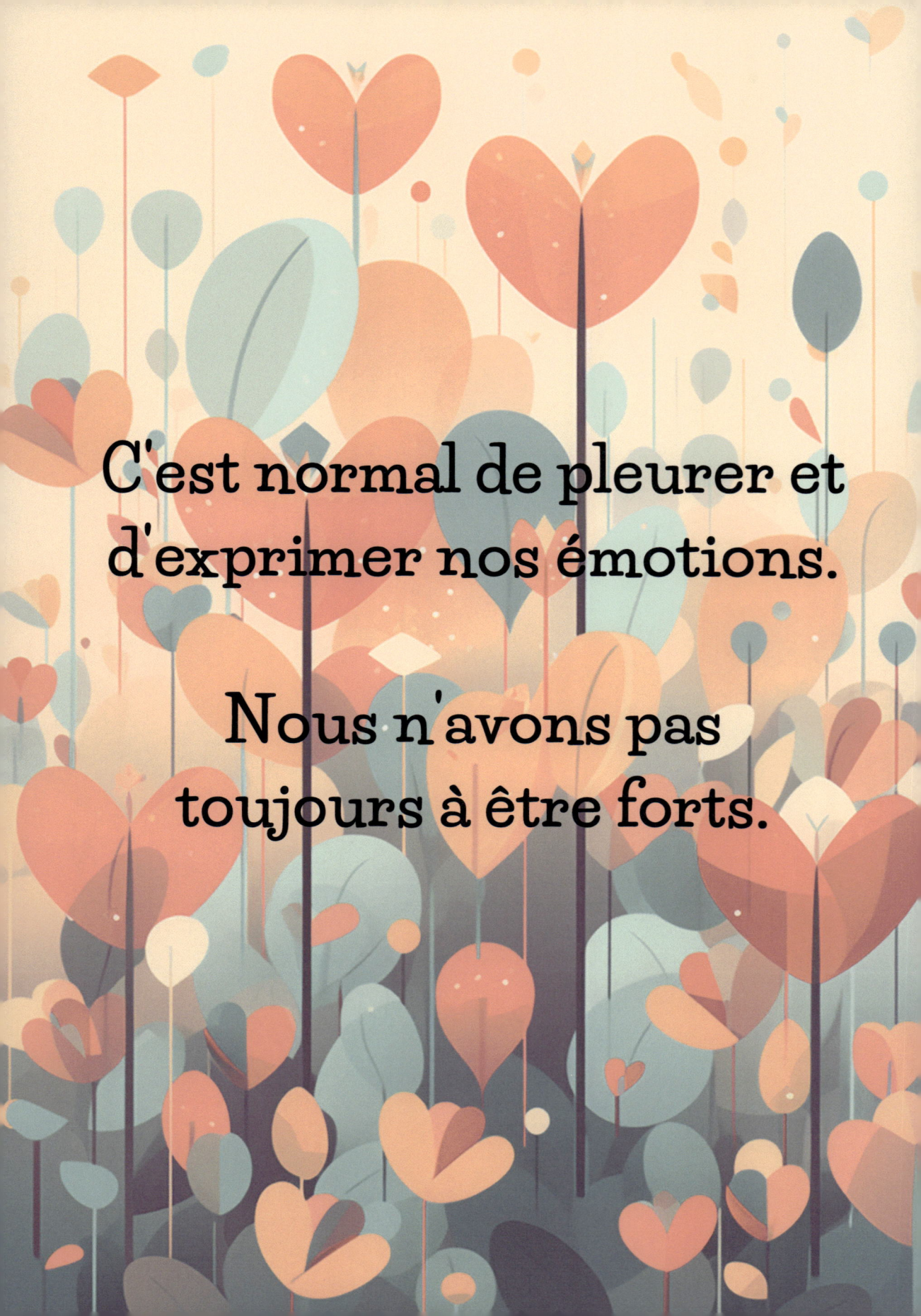

C'est normal de pleurer et d'exprimer nos émotions.

Nous n'avons pas toujours à être forts.

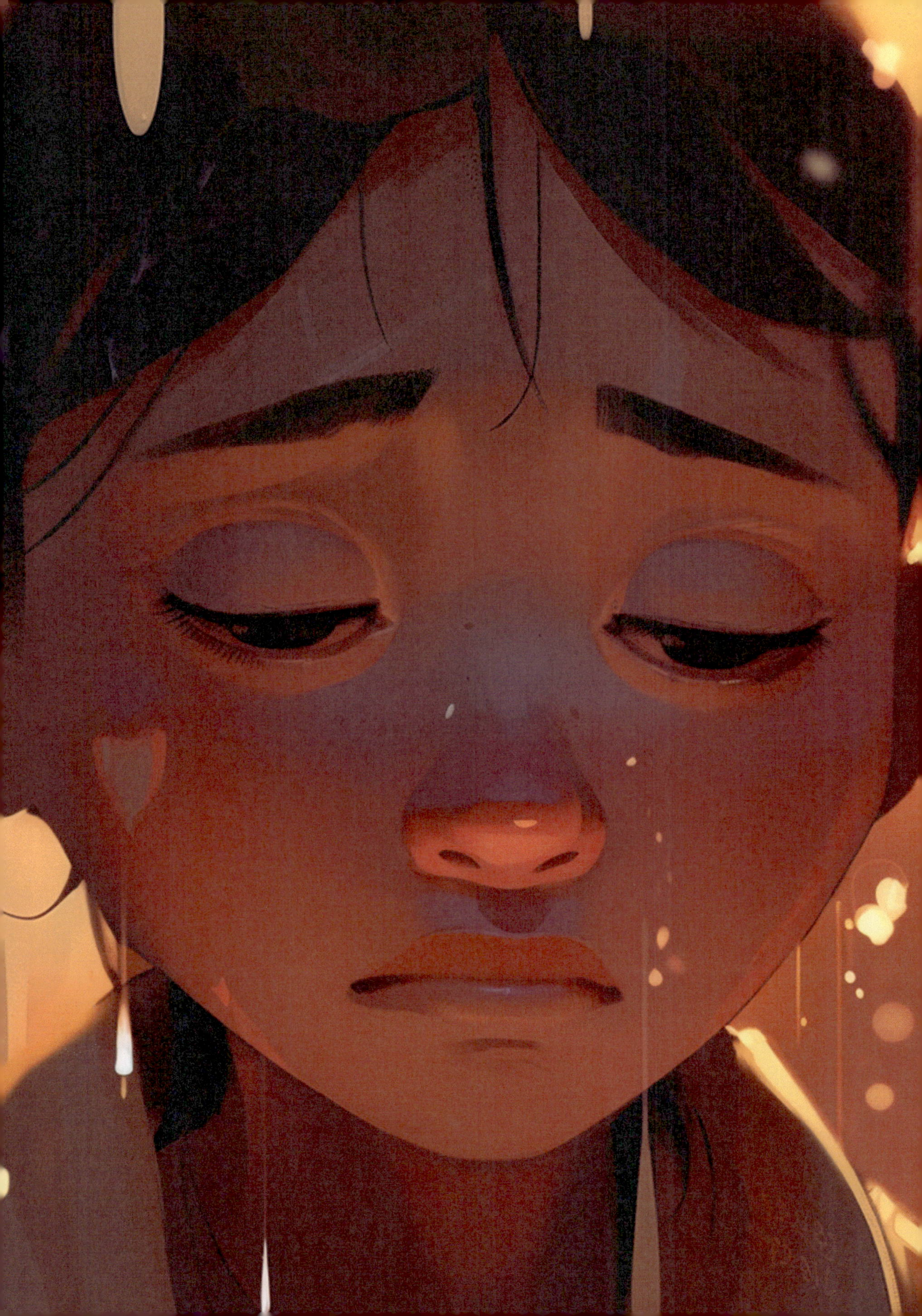

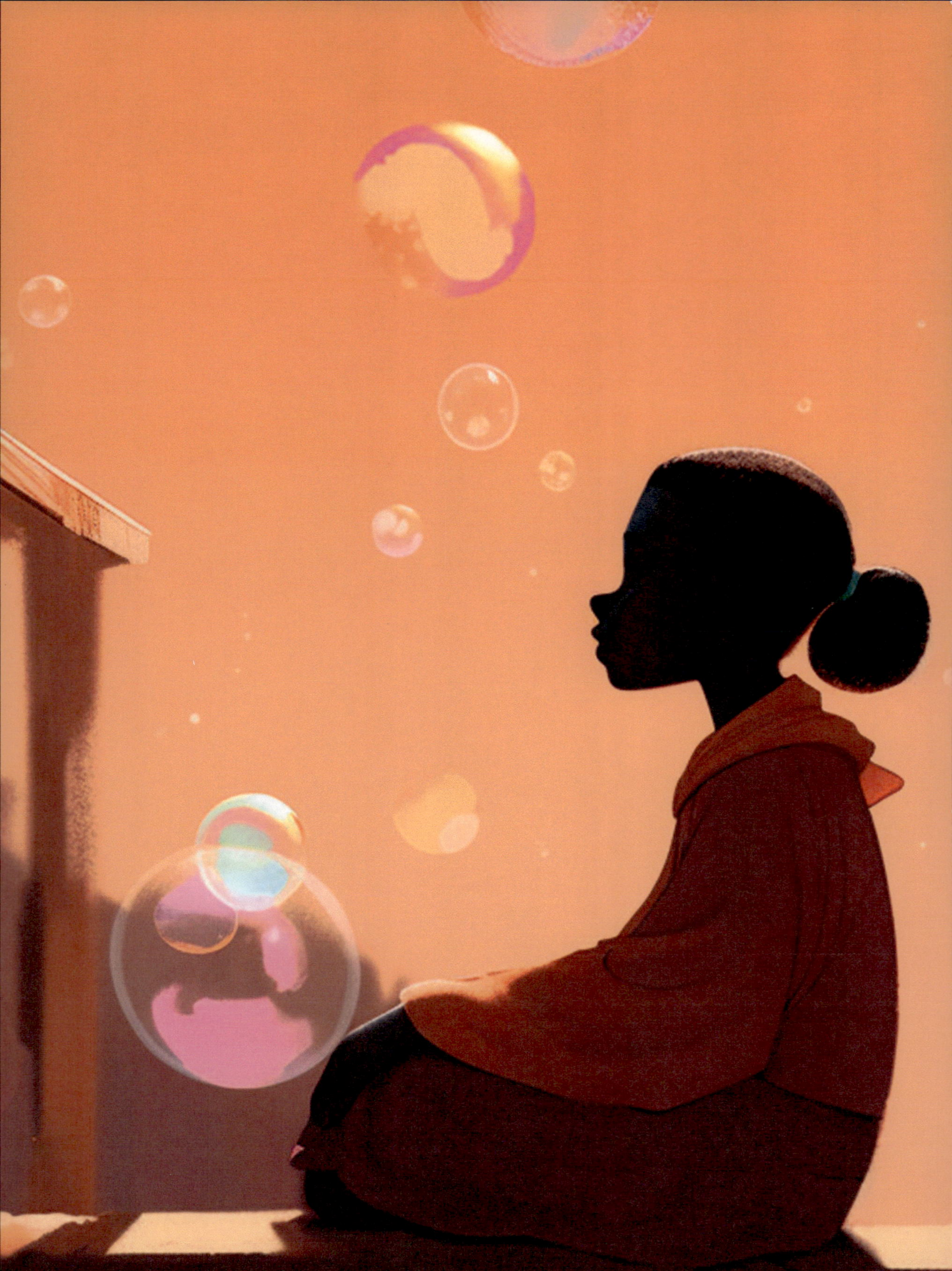

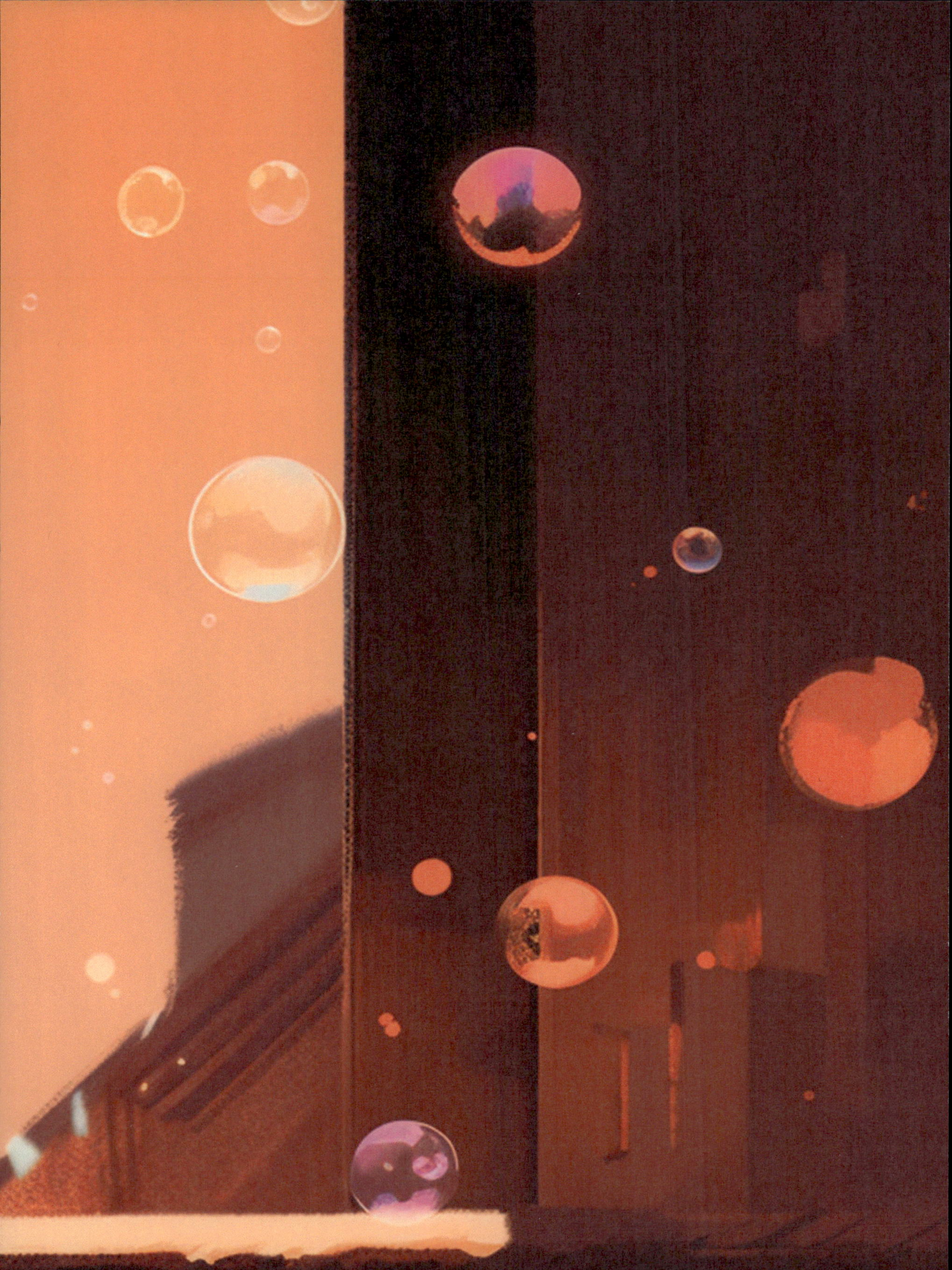

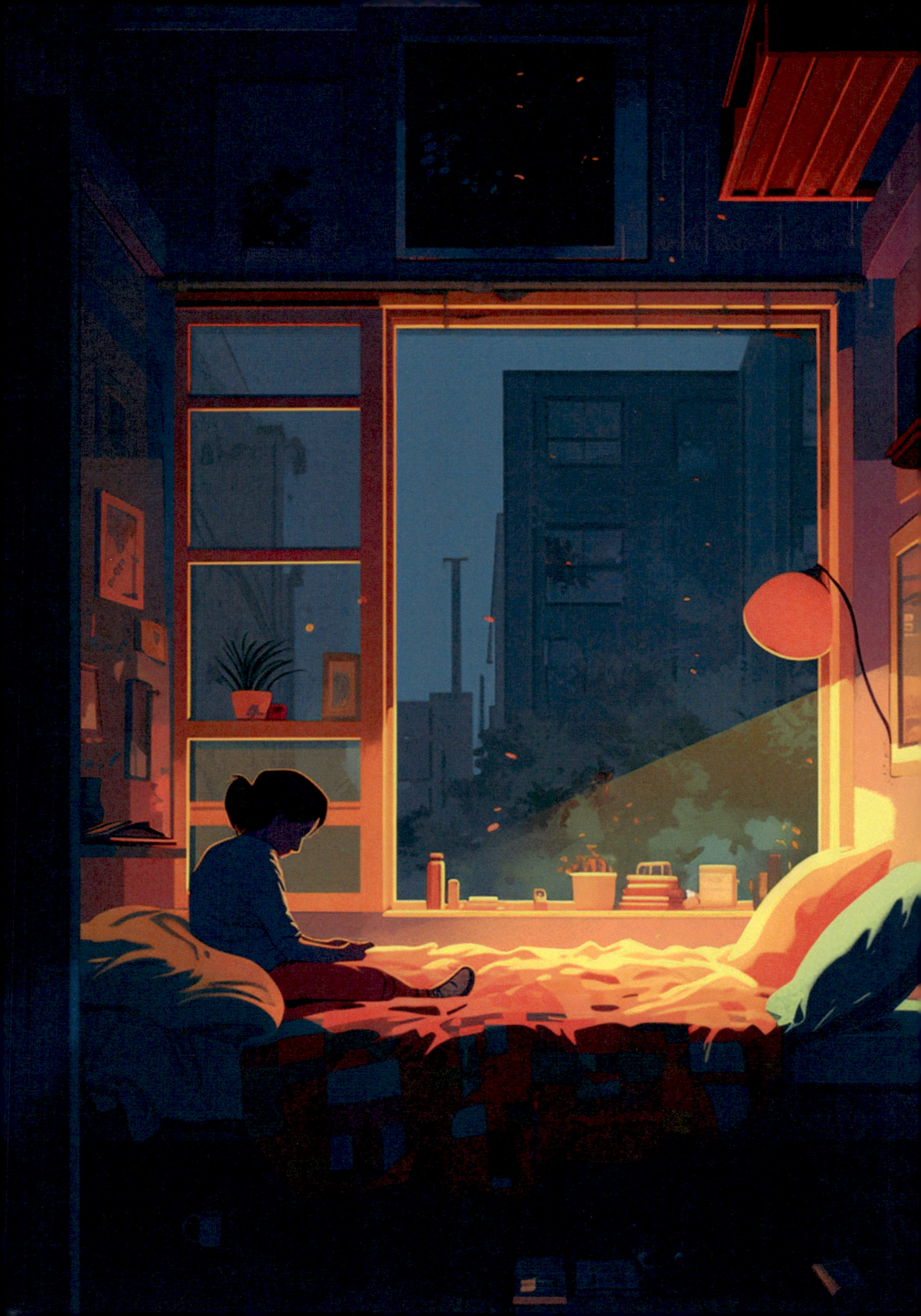

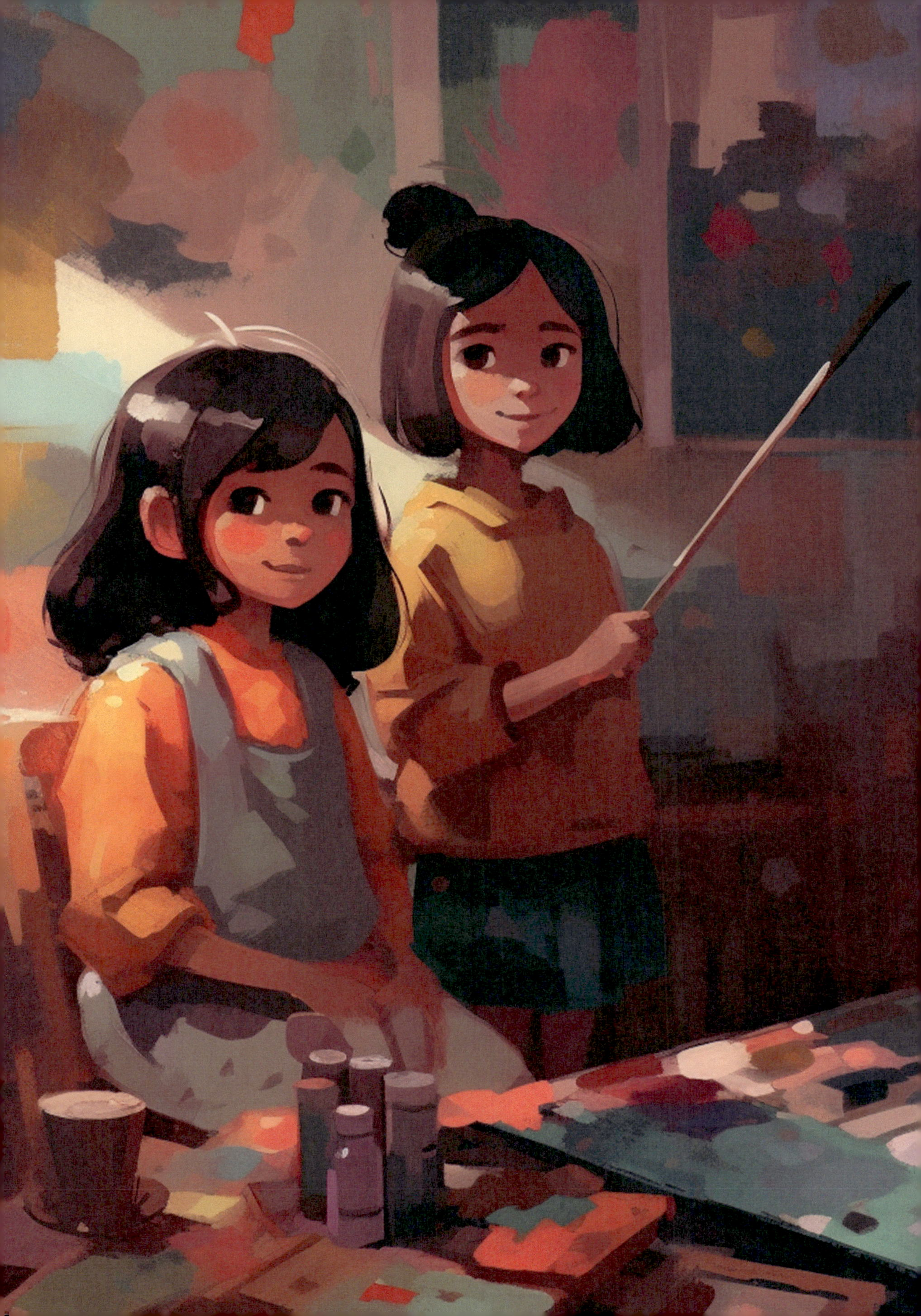

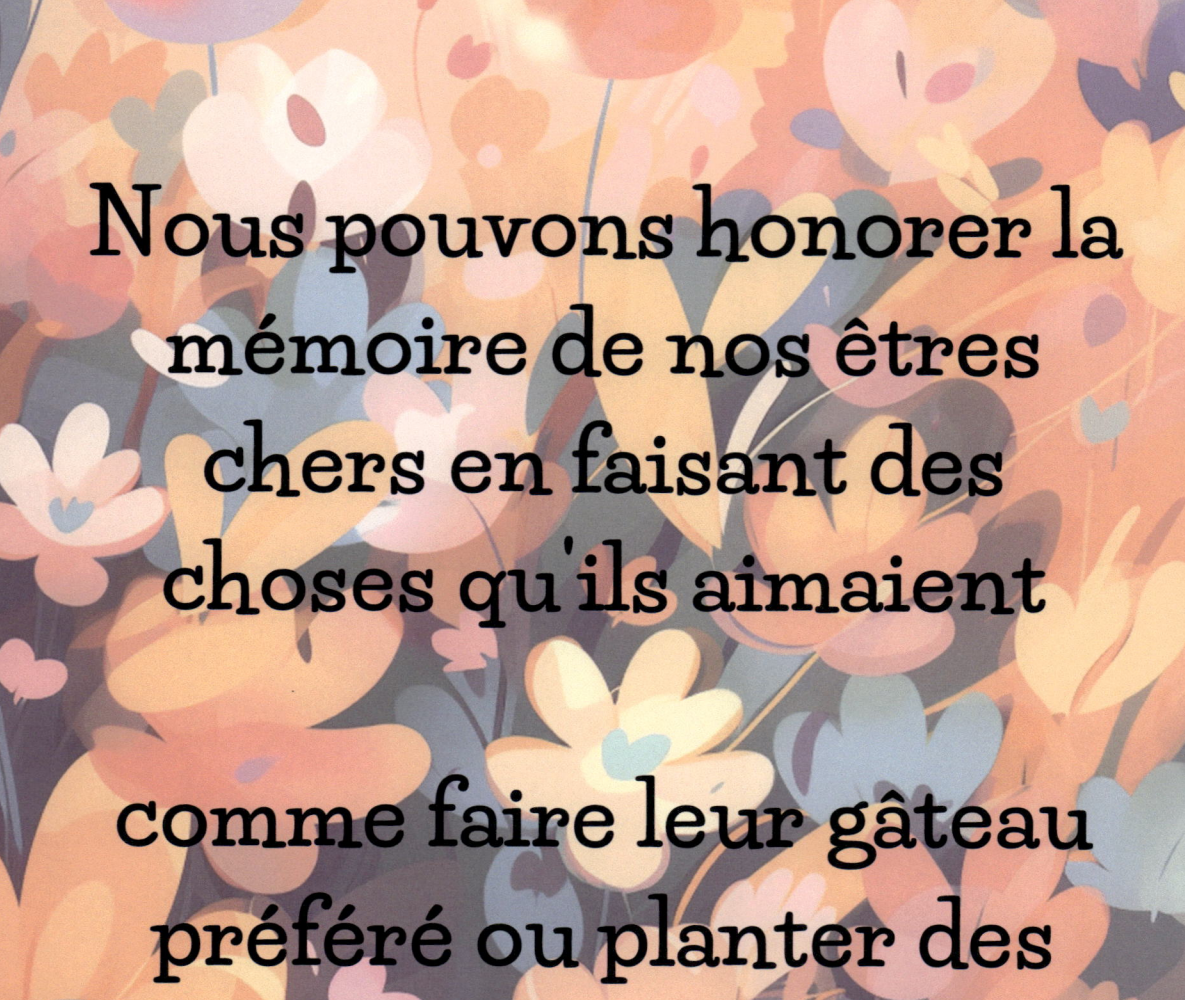

Nous pouvons honorer la mémoire de nos êtres chers en faisant des choses qu'ils aimaient

comme faire leur gâteau préféré ou planter des fleurs.

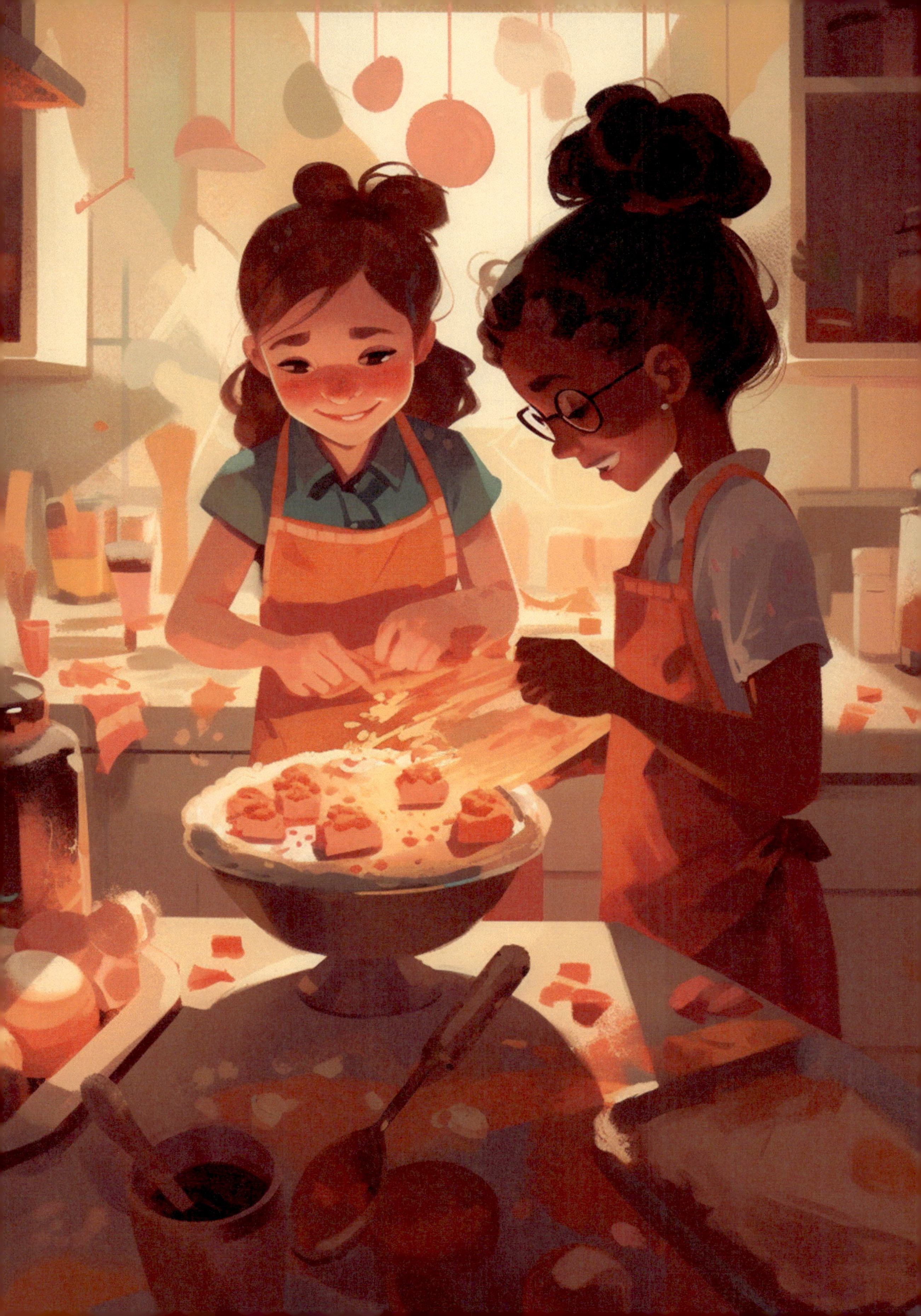

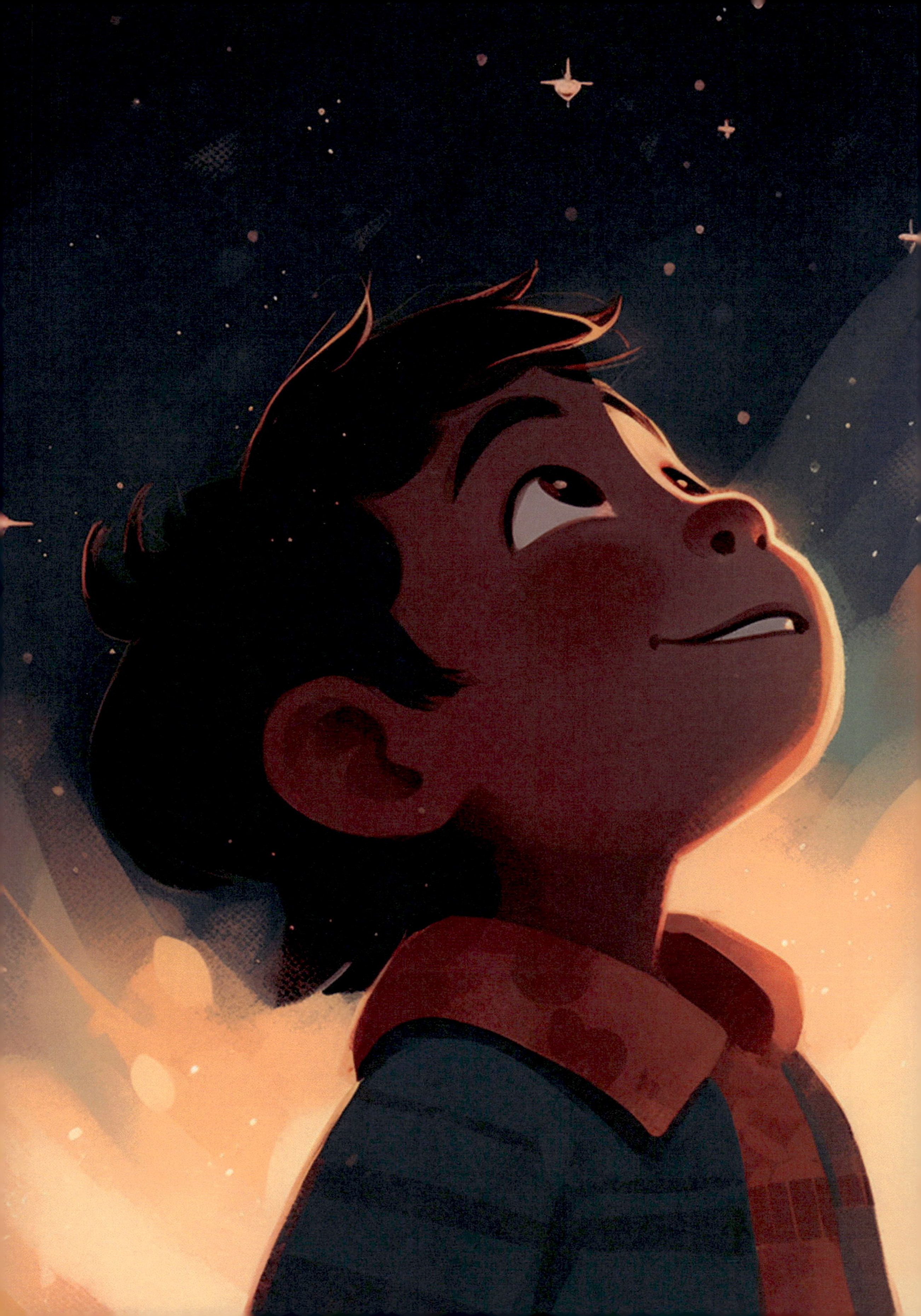

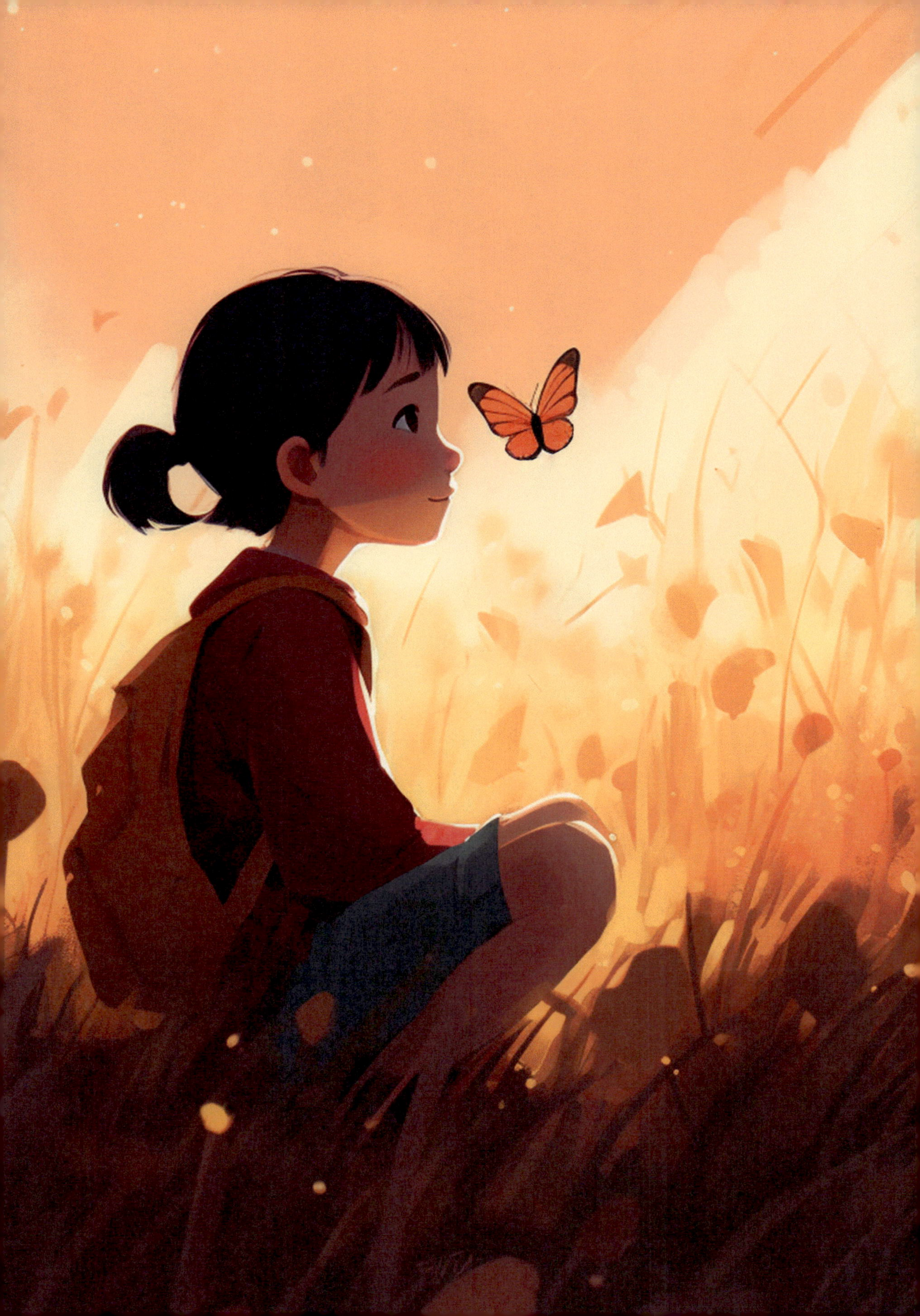

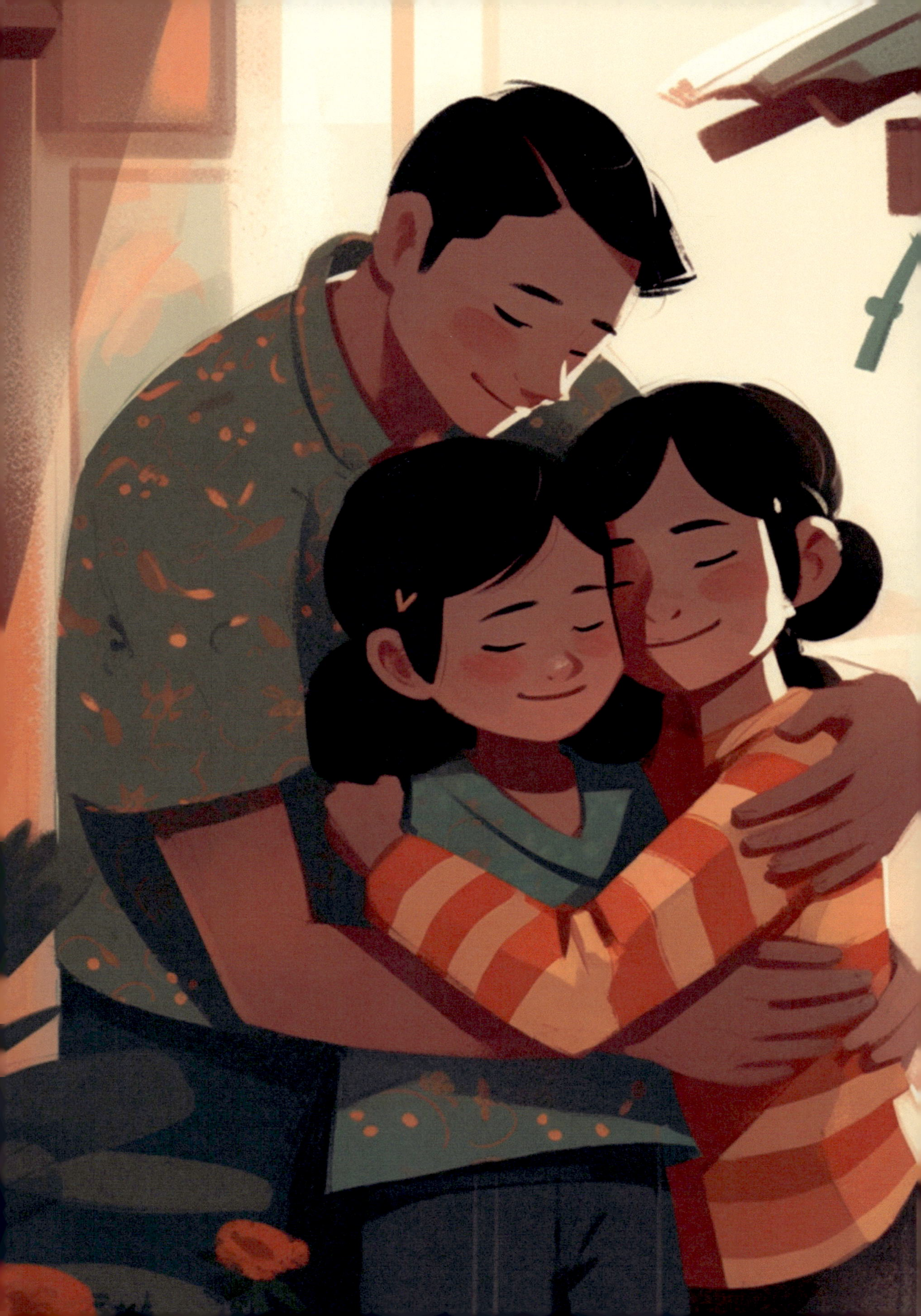

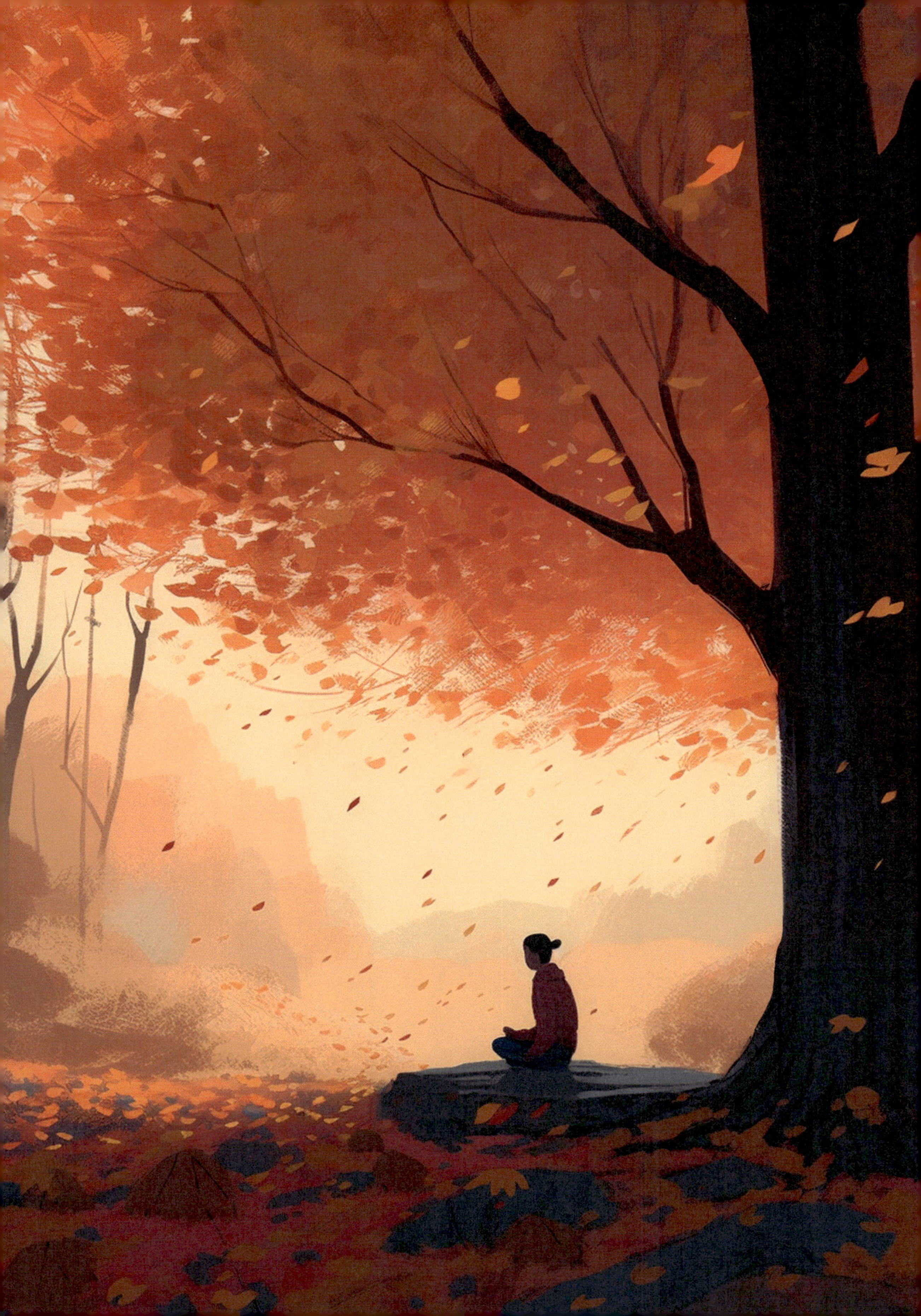

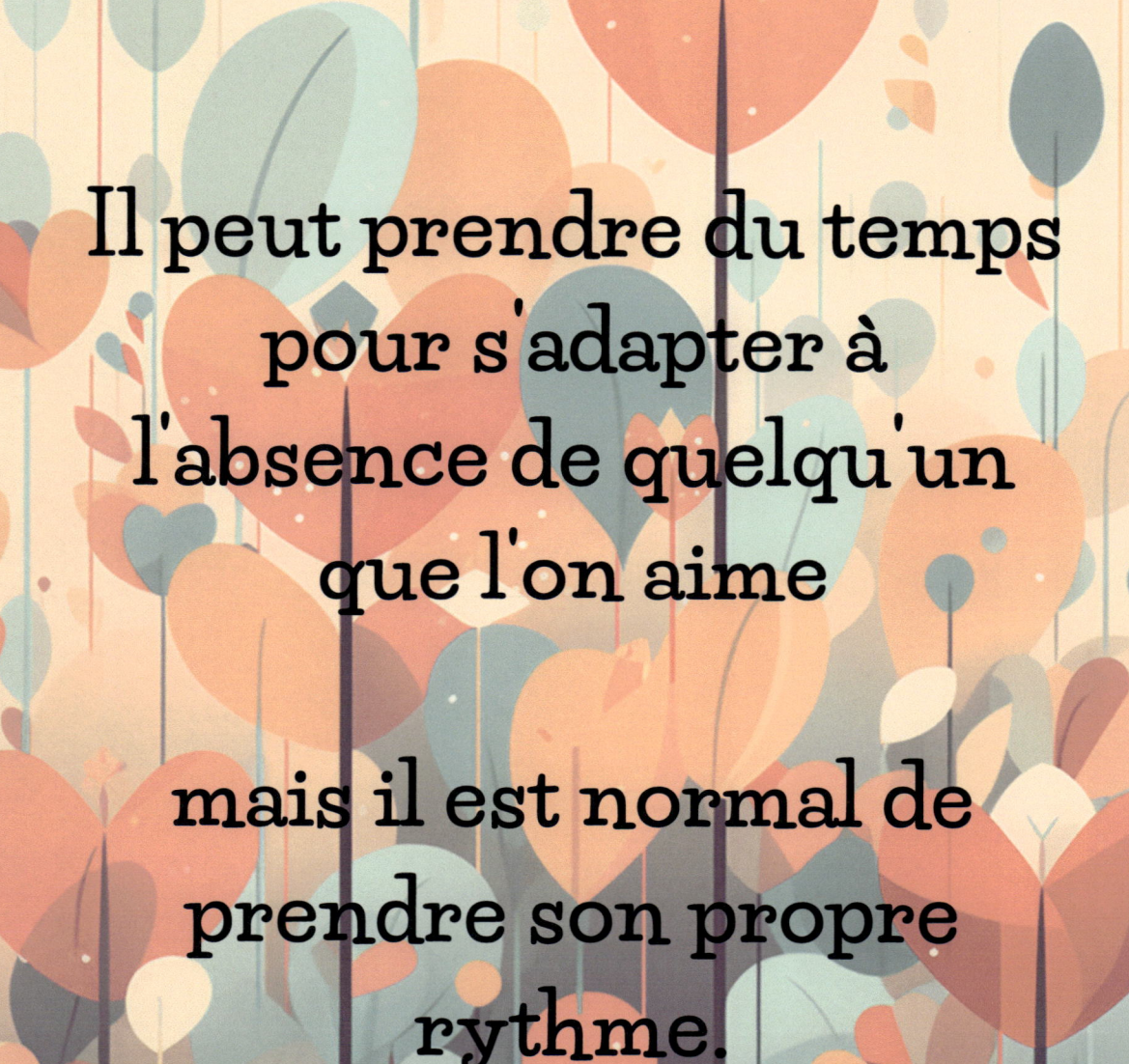

Il peut prendre du temps pour s'adapter à l'absence de quelqu'un que l'on aime

mais il est normal de prendre son propre rythme.

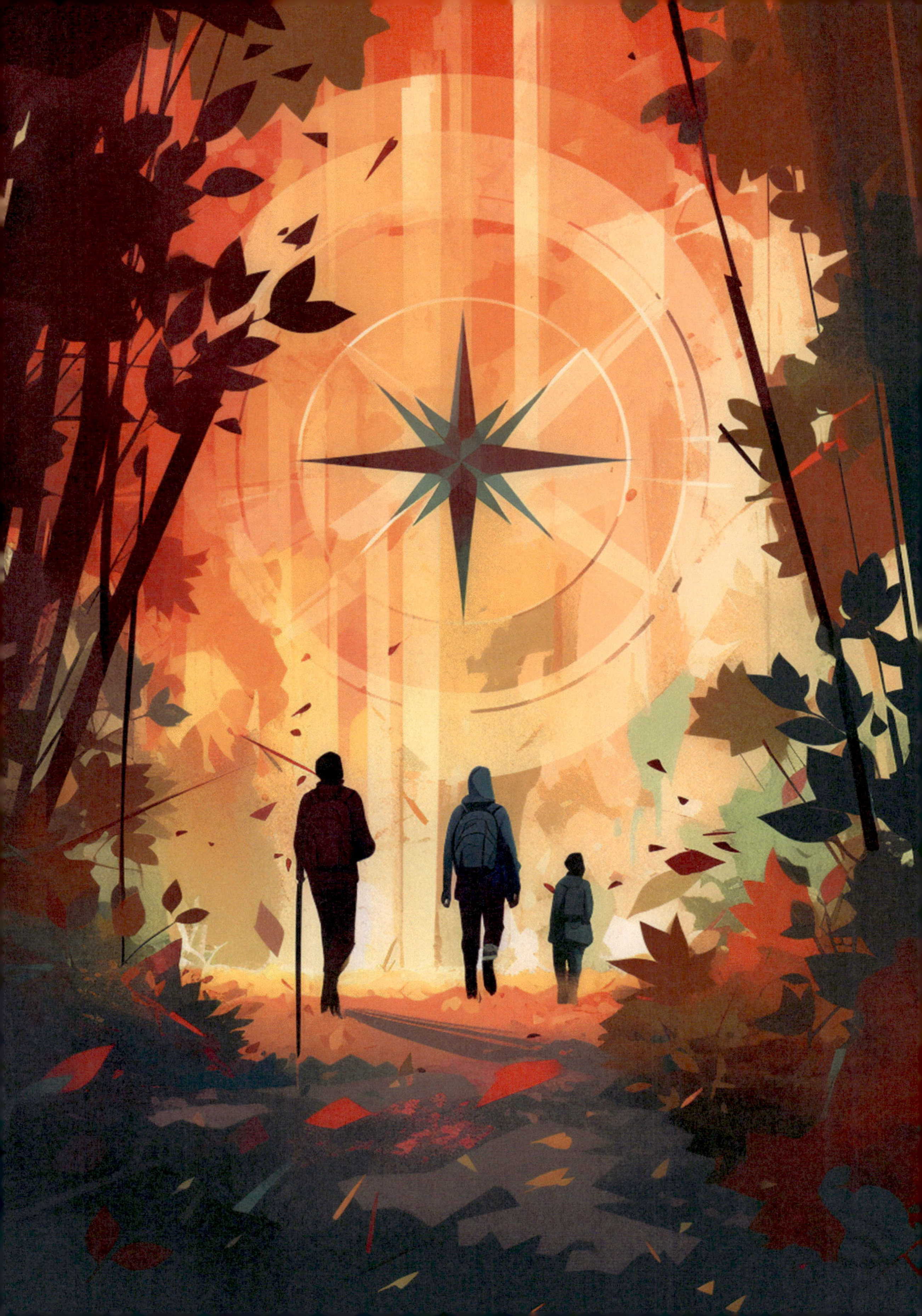

Bien que cela puisse être difficile à croire en ce moment,

cela s'améliorera avec le temps.

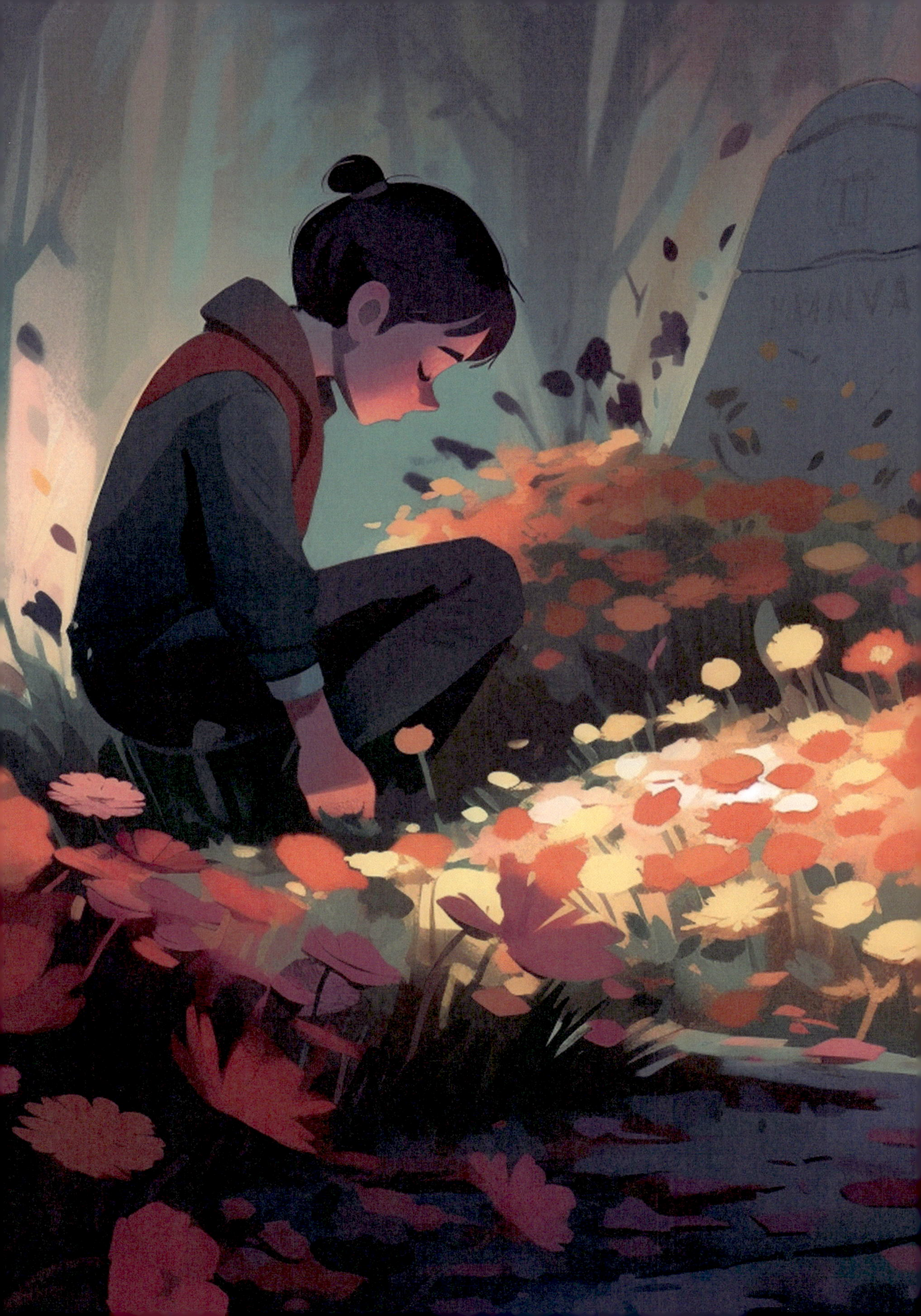

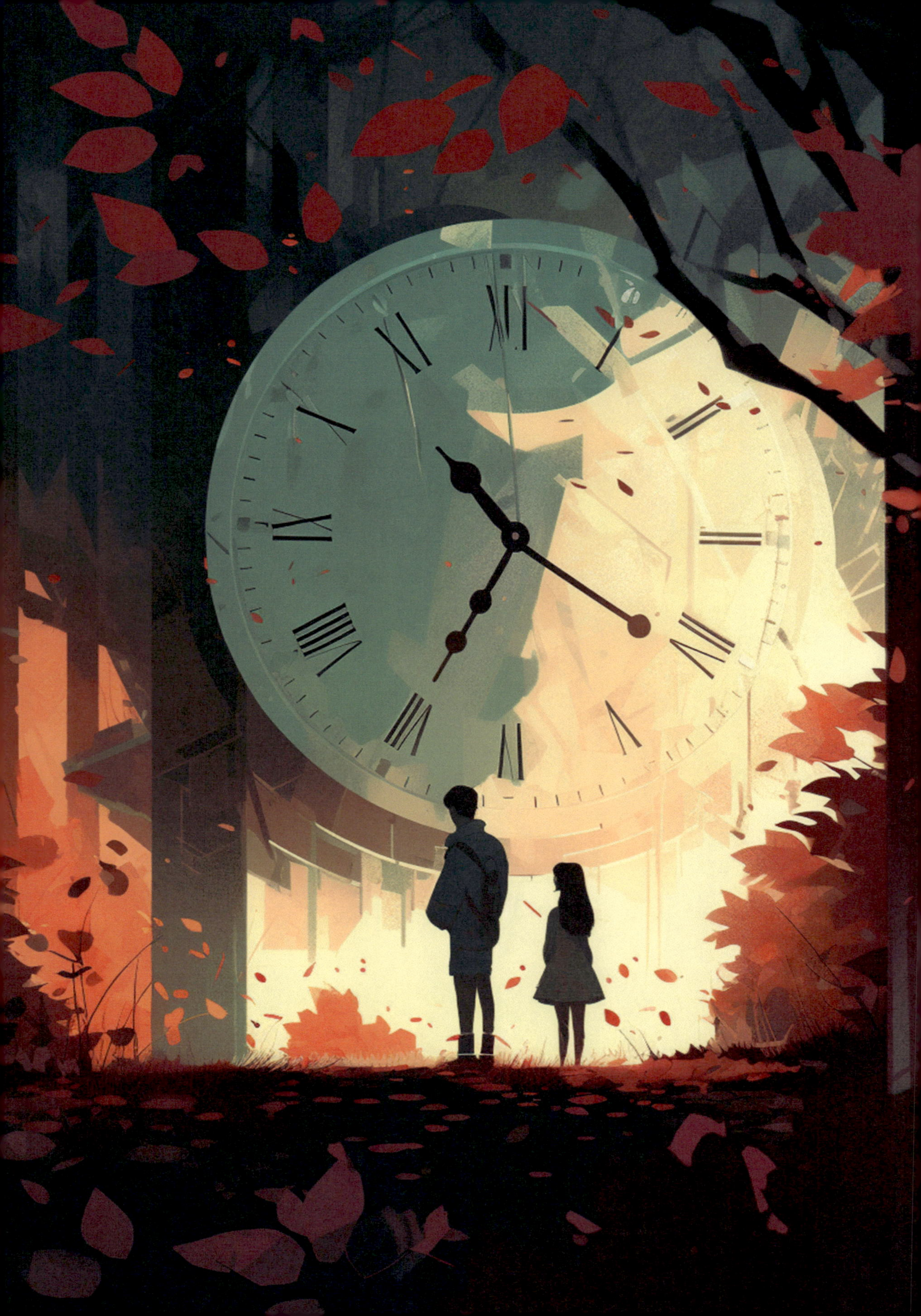

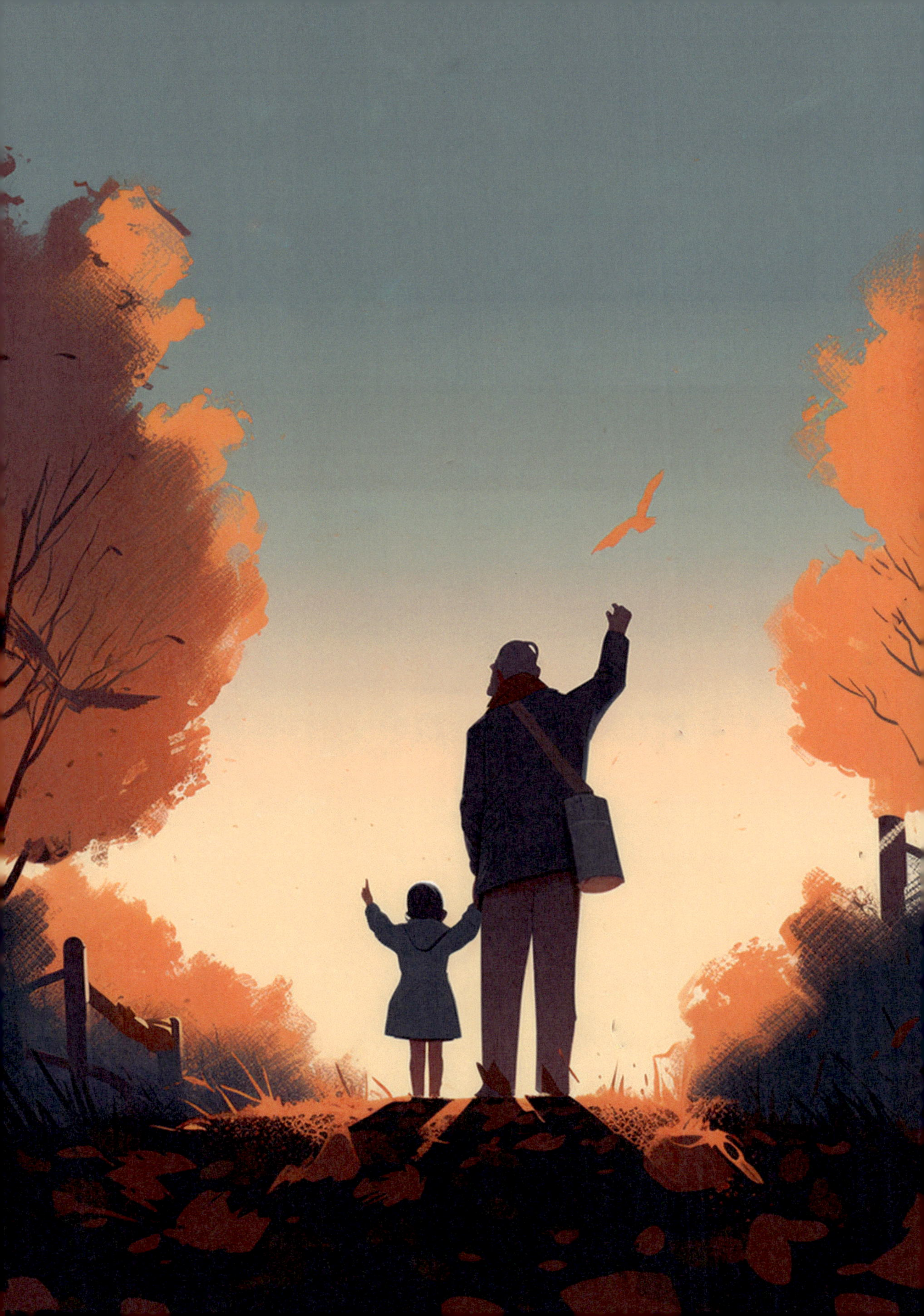

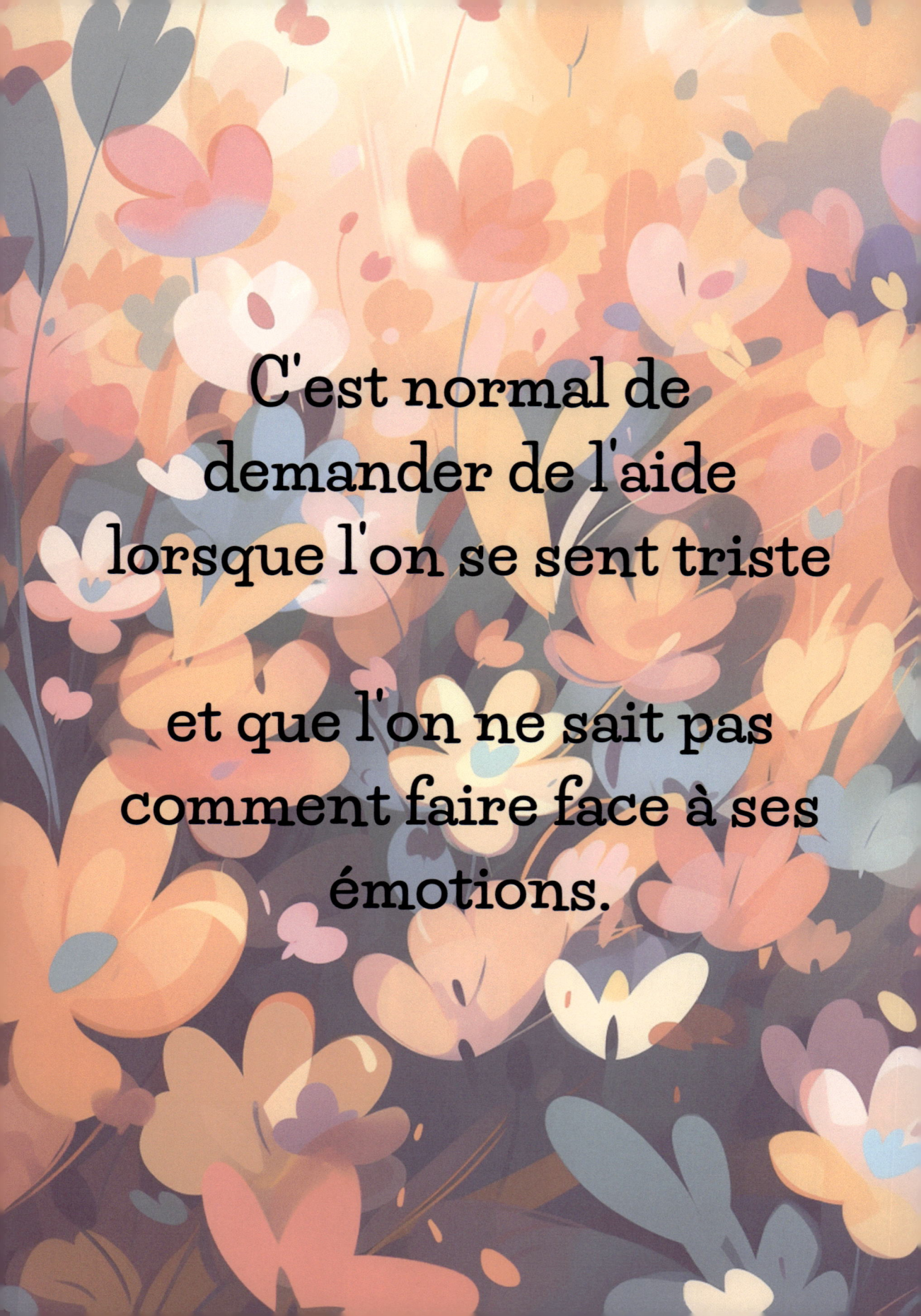

C'est normal de demander de l'aide lorsque l'on se sent triste

et que l'on ne sait pas comment faire face à ses émotions.

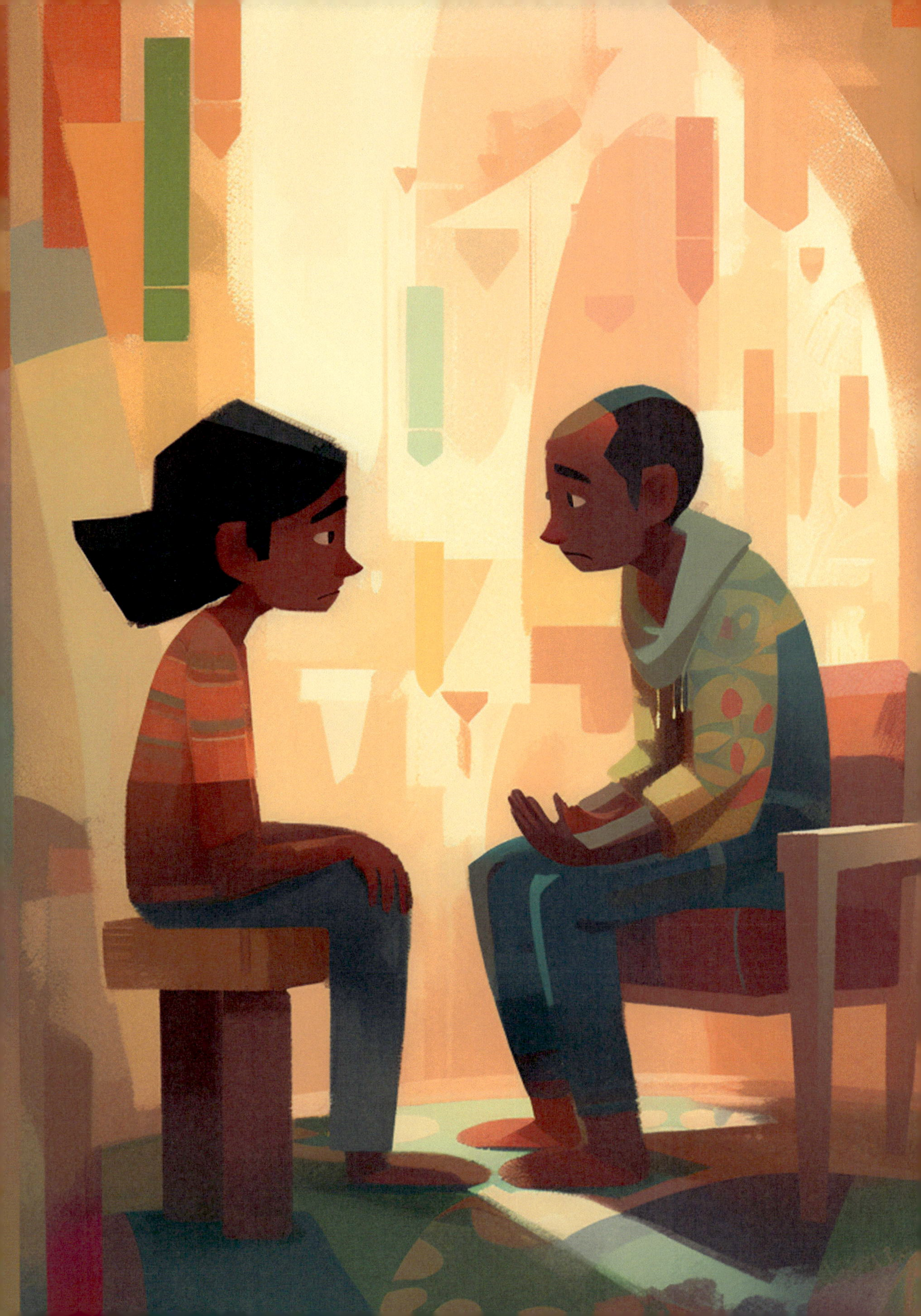

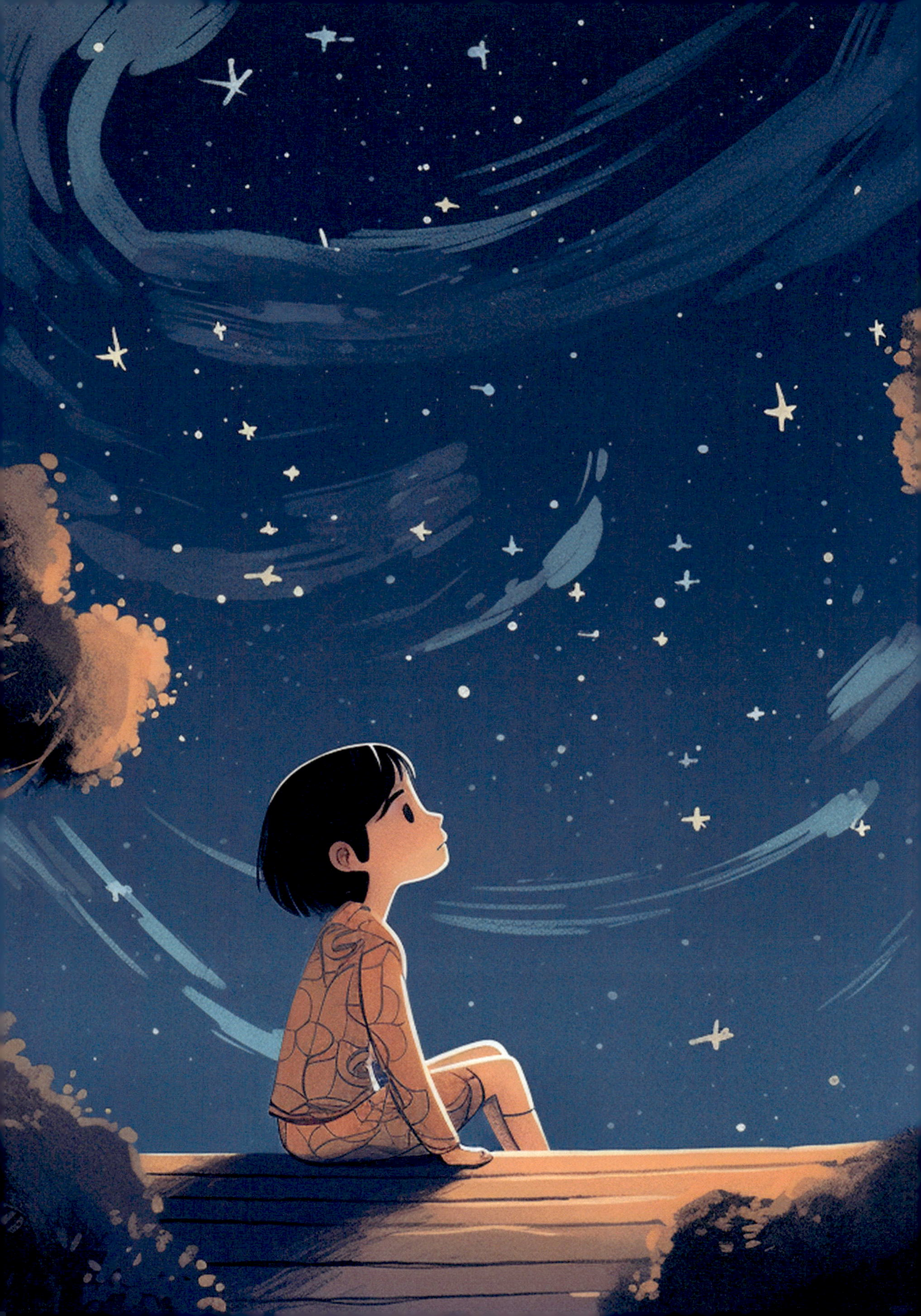

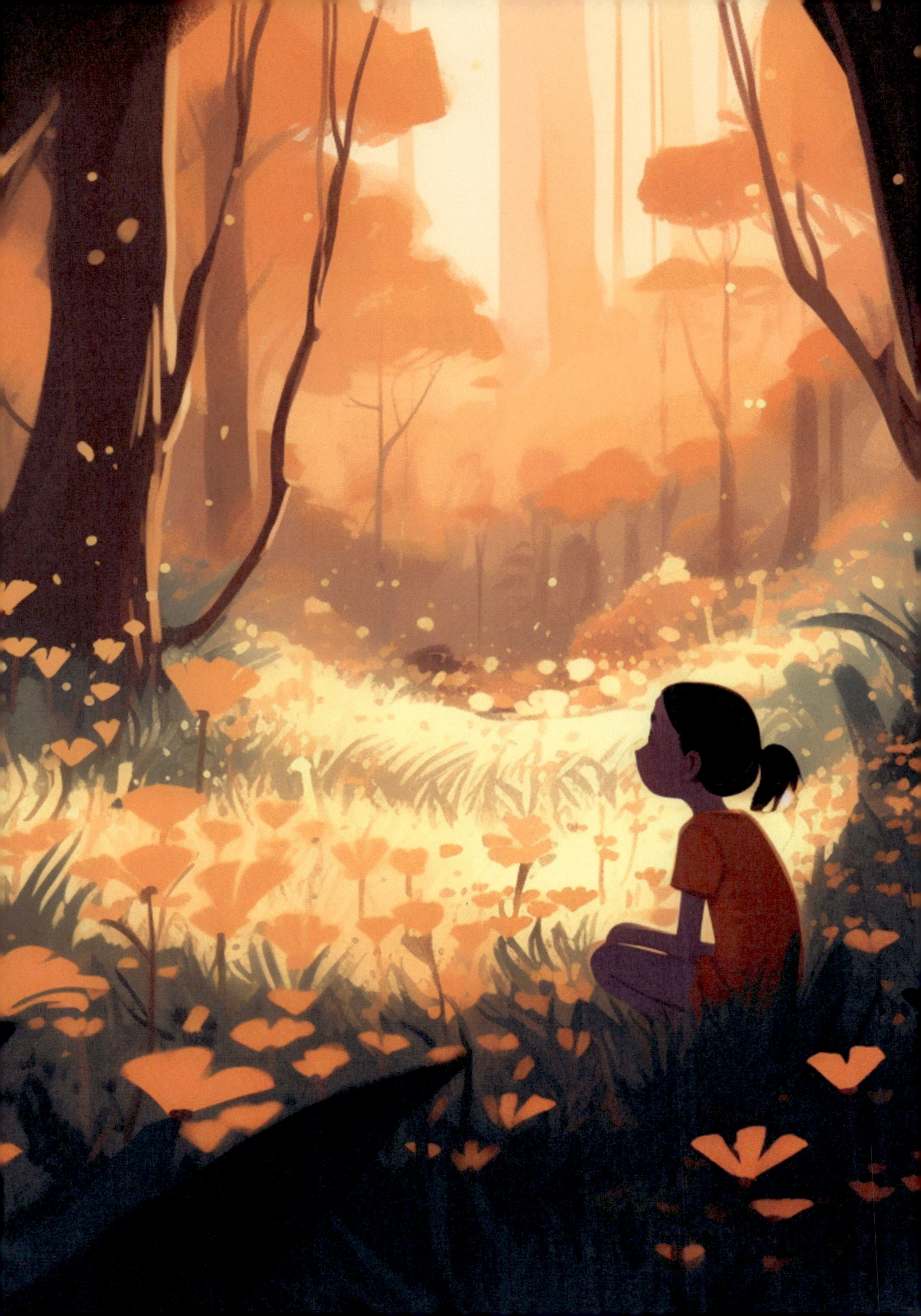

En ce moment, il est important de prendre soin de nous-mêmes.

Nous pouvons faire des choses qui nous font du bien, comme se promener ou faire un dessin.

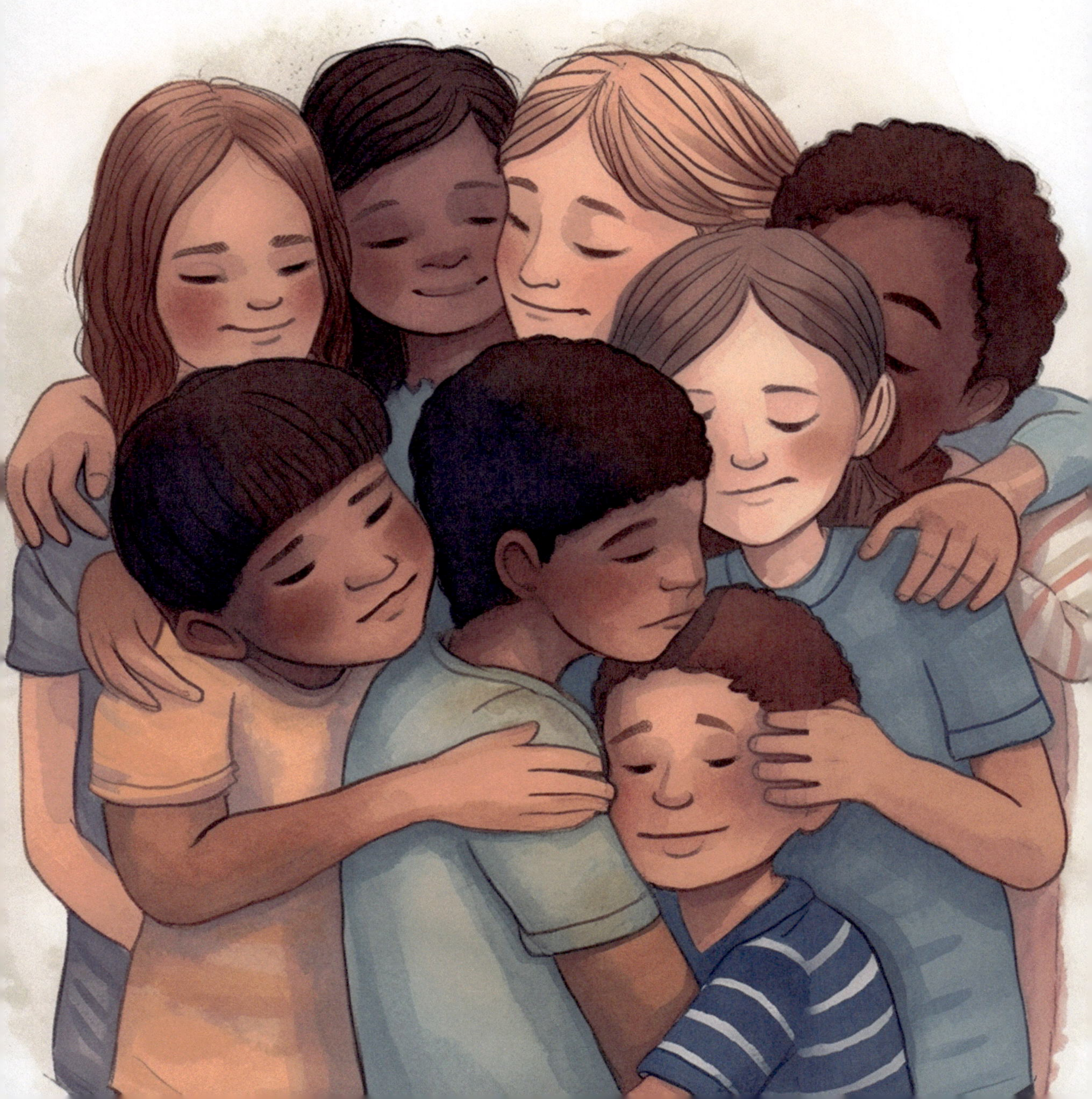

Activités

Créez une boîte à souvenirs

Créez une boîte spéciale où vous pouvez conserver des souvenirs de votre proche aimé, tels que des photos, des dessins et de petits objets qui vous rappellent cette personne.

Dessinez et écrivez

Dessinez ou écrivez sur vos sentiments et vos souvenirs. Cela peut être dans un journal, sur une feuille de papier ou en utilisant un outil numérique.

Faites un collage

Utilisez de vieux magazines, des photos et d'autres matériaux pour créer un collage qui représente les souvenirs de votre proche aimé.

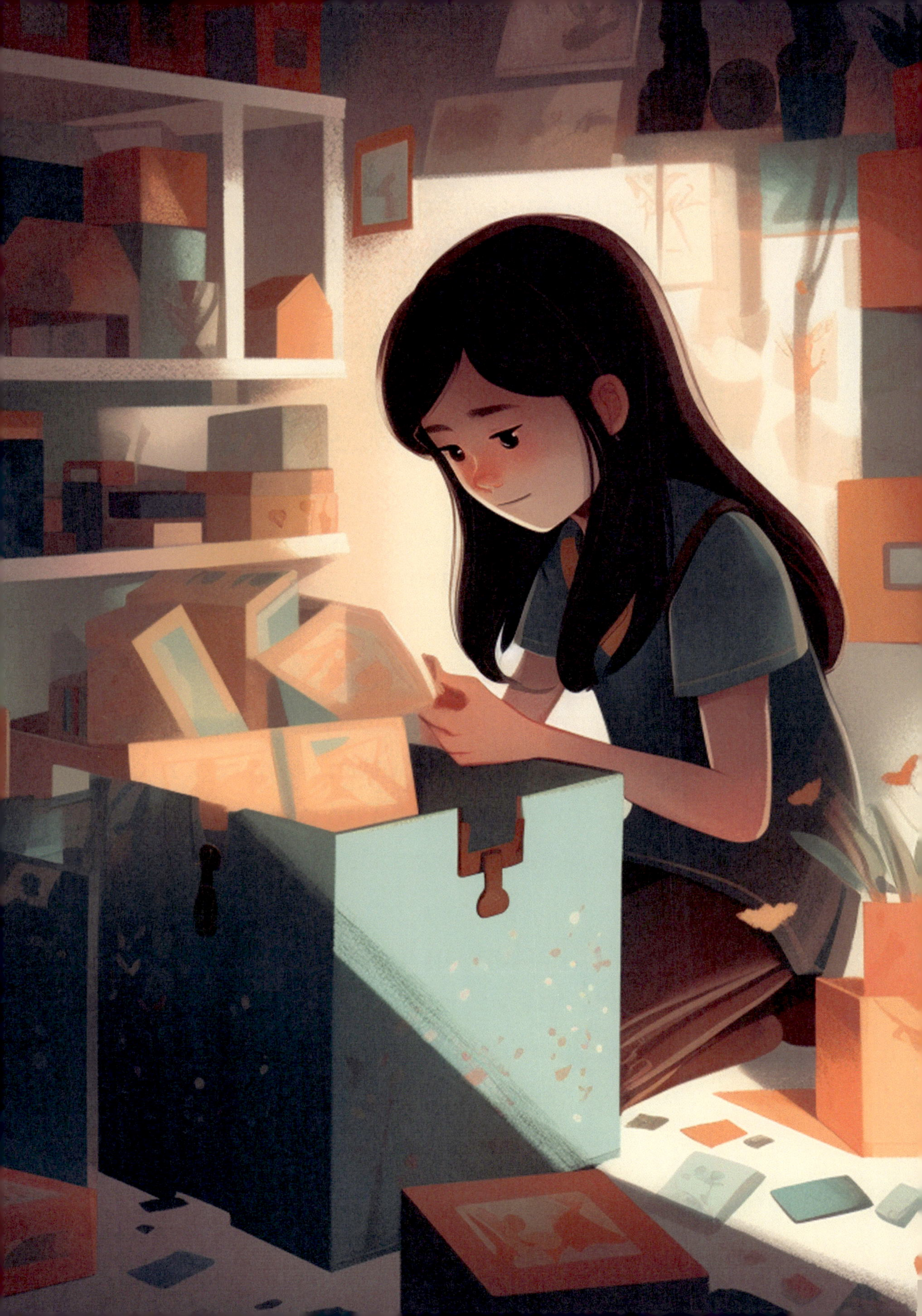

Planter un jardin de mémoire
Créez un jardin spécial ou plantez un arbre, une plante ou une fleur en mémoire de votre être cher.

Créez un pot de gratitude
Écrivez quelque chose pour lequel vous êtes reconnaissant chaque jour et placez-le dans un pot. Cela peut vous aider à vous concentrer sur les aspects positifs de votre vie et à surmonter votre chagrin.

Construisez un réseau de soutien
Contactez des amis et des membres de la famille qui peuvent vous apporter du soutien et du réconfort. Cela peut impliquer de parler à un conseiller ou de rejoindre un groupe de soutien pour le deuil.

Lâchez un ballon
Écrivez un message à votre être cher et attachez-le à un ballon. Lâchez-le dans le ciel en symbole de lâcher prise et de dire au revoir.

Créez une liste de lecture de musique

Créez une liste de lecture avec des chansons qui vous rappellent votre être cher. Cela peut être un moyen réconfortant de se sentir connecté.

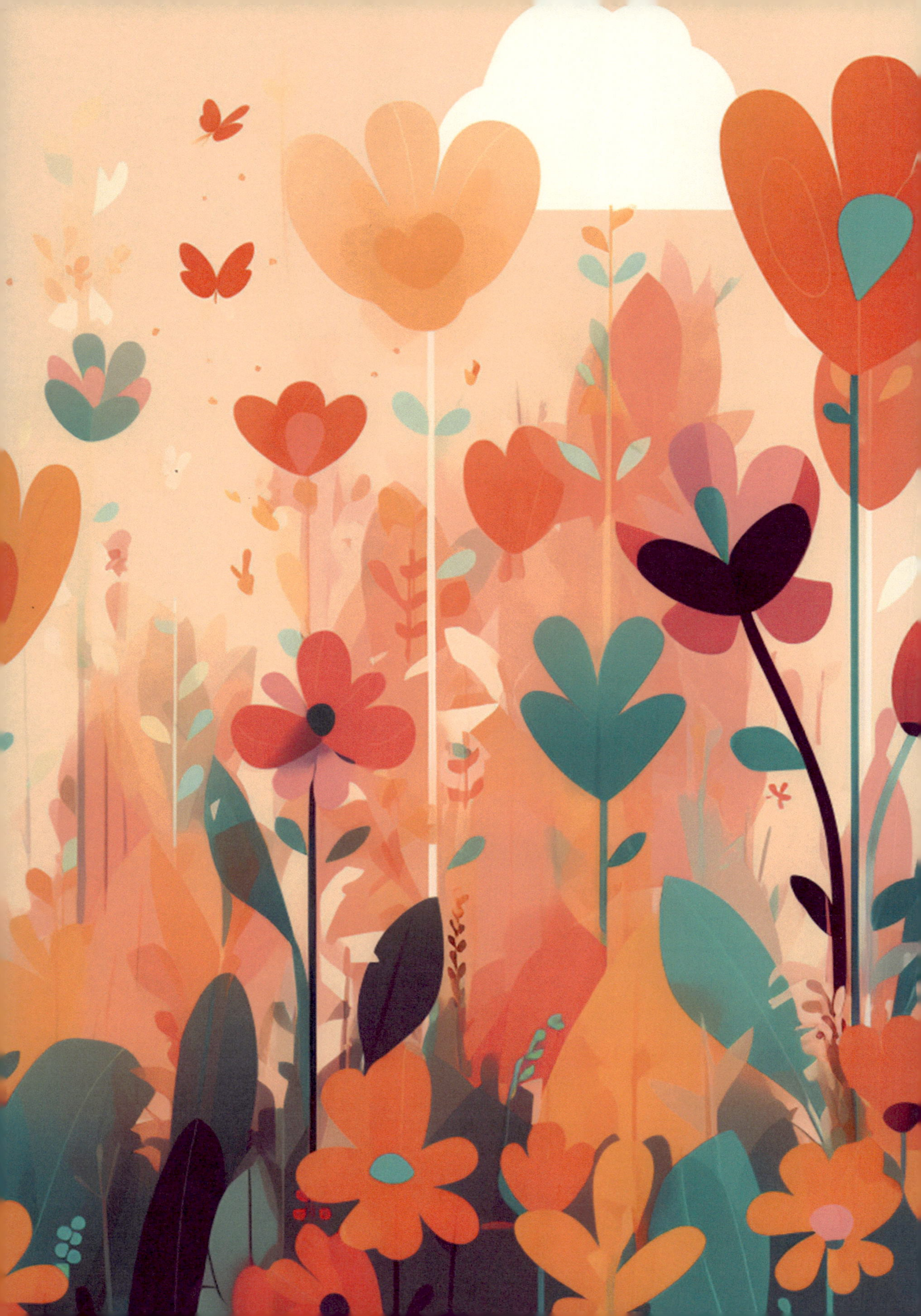

Merci d'avoir lu "Perte et câlins: Un livre pour les enfants qui manquent à quelqu'un". J'espère qu'il vous a apporté à vous et à votre enfant un peu de réconfort et de soutien pendant cette période difficile.

Bien que la douleur de perdre quelqu'un ne disparaisse peut-être jamais complètement, avec le temps et l'amour, votre enfant apprendra à faire face à son chagrin et à chérir les souvenirs de son être cher. N'oubliez pas, il est normal de pleurer et il est normal de demander de l'aide à d'autres si nécessaire.

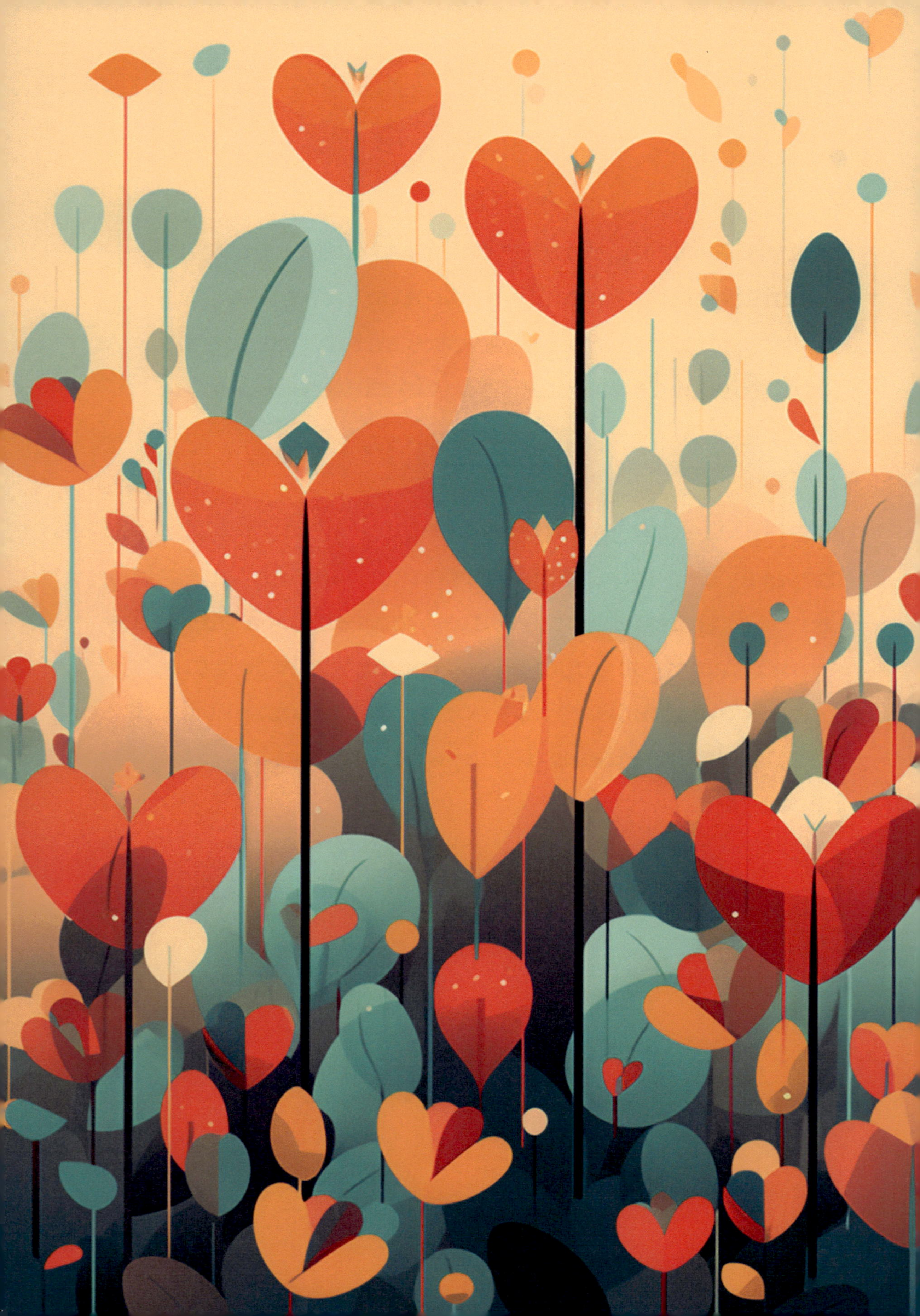

Pour plus de livres, visitez :

www.amazon.com/author/innernaturetools

et

pour plus d'informations :

innernaturetools.com

Printed in France by Amazon
Brétigny-sur-Orge, FR